[英国] 理查德 · J. 克里斯普 著　裴正薇 译

# 社会心理学

牛津通识读本 ·

# Social Psychology

A Very Short Introduction

译林出版社

**图书在版编目（CIP）数据**

社会心理学／（英）理查德·J. 克里斯普（Richard J. Crisp）著；裴正薇译. —南京：译林出版社，2023.2
（牛津通识读本）
书名原文：Social Psychology: A Very Short Introduction
ISBN 978-7-5447-9457-2

Ⅰ.①社… Ⅱ.①理… ②裴… Ⅲ.①社会心理学 Ⅳ.①C912.6-0

中国版本图书馆 CIP 数据核字（2022）第 210071号



著作权合同登记号　图字：10-2018-429 号

**社会心理学　[英国]　理查德 · J. 克里斯普 ／著　裴正薇 ／译**

责任编辑　陈　锐
装帧设计　景秋萍
校　　对　王　敏
责任印制　董　虎

原文出版　Oxford University Press, 2015
出版发行　译林出版社
地　　址　南京市湖南路 1 号 A 楼
邮　　箱　yilin@yilin.com
网　　址　www.yilin.com
市场热线　025-86633278
排　　版　南京展望文化发展有限公司
印　　刷　江苏扬中印刷有限公司
开　　本　890 毫米 ×1260 毫米　1/32
印　　张　7.375
插　　页　4
版　　次　2023 年 2 月第 1 版
印　　次　2023 年 2 月第 1 次印刷
书　　号　ISBN 978-7-5447-9457-2
定　　价　39.00 元

# 序 言

张建新

近些年来，各大出版社都相继出版了不少社会心理学的译著和编著。琳琅满目的著作极大丰富了我国社会心理学教学、研究与科普宣传的参考资源。当然，这也给读者带来了些许选择困难：应该选择哪一本用作教科书，哪一本当作参考读物呢？从外观上看，这些书的厚薄和开本大小彼此相差不小：有的书大开本，还很厚；有的书开本小，也很薄。显然，大多数读者都不会仅仅参照书的外观而做出抉择的。做出选择前，读者一定会翻开这些著作，首先去浏览它们的目录。但当你发现，这些书的内容目录在前后顺序和大致结构上其实也相差无几时，你的抉择就会变得愈发困难。当然，最后时刻，只能做出下面两种选择之一：一是干脆多买几本，相互对照着读；二是买厚不买薄。后一种选择暗含的假设是，厚书内容的叙述会更为细致与详实，其引述的文献会更为众多和新近。

因此，基于以上日常经验，当我收到译林出版社的邀请，为他们即将出版的《社会心理学》读本写个小序时，着实很有些犹豫。特别是在翻看该书的目录后，我当时的感觉是，在众多社会心理学的书籍中，该书的出版只不过是又增加了一本几无差异的著作而已。但鉴于牛津通识读本一贯具有的良好口碑，我就迫使自己耐下心，翻读了该书的前两章内容。然而，翻读的结果却令我有些意外、有些惊喜，使之前出现的无差别感一扫而光。因此，我便一口气通读了这本不算厚的译著。意外和欣喜的理由可总结为两点：译著的翻译质量，以及原著作者对社会心理学知识体系的整全把握和特色叙述，都令我印象深刻。

尽管本书是通识读本，但绝非是作者个人的心灵鸡汤式感悟。它毕竟是一本社会心理学著作，它所描述的是一门实验科学的知识和成果，要十分讲究知识的普遍性。而科学著作的翻译首先要求译者做到准确与通顺，以成就“信”和“达”，容不得译者为刻意求“雅”而信马由缰，太过个人浓重的情绪色彩。以上述标准加以考量，本书译者就做到了“信”和“达”，而且做到了上乘水准。本书原著的内容并不高深隐晦，但要把它翻译得连贯通顺，像一个讲故事能手那般娓娓道来，让听者（读者）能够听懂且入情入理入味，却非易事。至于译者是否在“信”与“达”之上做到了“雅”，那就还请各位读者自己加以判断吧。



本书最大的特点在于作者对社会心理学知识的全面而深刻的理解，对讲述社会心理学研究成果的整体而贯通的叙事。心理学知识源远流长，各有脉络，自成一体，派别林立。因此，若总括观之，它就显得有些凌乱庞杂，远不如物理学那样逻辑地进步、整体地扩张，最终形成一个由公理和定理组成的严密科学知识体系。因此，心理学教科书的叙事方式，大多是将在学科知识的发展历史上曾经产生过重要影响的某个门派理论及其实验验证结果，分门别类地累积在一起，从而构成一个前后内容彼此关联性不很明显、逻辑贯通性不很突出的知识堆集。社会心理学范畴虽然没有一般心理学那样的广泛，但其知识体系也难免不给初学者留下“片段和跳跃”的印象。造成如此这般的结果，社会心理学教科书难辞其咎。其主因恐怕就在于，著作者头脑中的社会心理学还没有串联贯通起来，没能化成为一体的知识。然而，本书虽然不是大部头，但作者试图将社会心理学知识融会贯通起来的意图却十分明显。而且，在你通读完全书之后，就会知道，作者在这一方向上做出的努力是成功的。社会心理学的各种理论和实验成果在本书的叙述过程中不再是孤瓦碎片式的存在，而是转化融合成为一种描述“社会中生存之人”的整体而专业的知识体系，像一件被粘连在一起、露出真容的宝物。

本书第一章非常简略地叙述了社会心理学的发展历史。作者没有就社会心理学论社会心理学的发展，而是跳出领域的边界限制，从学科外部社会历史环境的推动力与学科内部行为主义和认知主义的拉动力，对社会心理学之所以发展成如今的样貌作了一个很好的总结。一方面，社会心理学不是凭空产生的，资本主义导致的物质产品的繁荣丰富，让人们开始思考人本身的群体特性；而第二次世界大战又让人们思考人本身如何异化为物质产品和技术发展的奴隶。人们对于解释和解决时代现实问题的需要，极大地促进了社会心理学的诞生和发展。正如作者所说：“随着技术以前所未有的速度向前发展，明白人类如何在合作、调解和冲突中相互联系变得极其重要。因此，社会心理学的进步必须紧跟工程学与物理科学的脚步，否则，我们制造冲突的能力将迅速超越我们和平共处的能力。……两次世界大战为许多研究提供了灵感，这些研究造就了今天的社会心理学领域。”（第5页）另一方面，社会心理学之所以被认为是一门科学，就在于它一直以来都严格遵循着行为主义以及后来的认知主义建立的科学范式；但是，对于认知革命以来心理学在解释“社会存在之人”上存在的缺陷和不足，人们所进行的关于情景的反思和科学探索，则更是塑造社会心理学的内部动力。

第二章尤其是本书的核心章节。社会心理的关键要素是社会认知。社会认知涉及我们如何编码、分析、存储和使用有关我们所遇之人和相互关系的信息，涉及我们一旦与人交流便会自然启动的心理过程。因此，它是构成社会心理学知识内容的基础。按照作者形象的描述，社会认知无非是由“朴素科学家”和“认知吝啬鬼”两部分构成。“科学家”是冷思维与慢思维的符号，而“吝啬鬼”则是热思维与快思维的符号。这不禁让人想起诺贝尔经济学奖获得者丹尼尔·卡尼曼，他是一位进行决策研究的心理学家，曾出版过一本大部头《思考，快与慢》的著作，该书详尽地解释了社会认知过程及其对人们决策的影响作用。经济学中的理性人假说也是社会心理学的起源之一。从某种角度讲，社会心理学的发展的一路，就是使用科学的方法为“经济学理性人”不断地贴上“非理性社会人”色彩的过程。本书作者正是把握住了社会认知这一社会心理学的核心内容，从而能够具有说服力地将社会心理学累积的各种知识内容贯连、融通起来的。

因此，我很愿意向读者推荐牛津通识读本《社会心理学》。开卷有益，这不仅是讲给社会心理学的初学者们听的，也是讲给已经很有社会心理学教学和研究经验的老师和学者们听的。初学者会因读了此书而省却很多摸索探寻的过程，从业者会因读了此书而能够将过去摸索探寻获得的经验化作一种顿悟。总之，大家都会因读了此书而一起说道：社会心理学原来如此呀！

# 目 录

第一章

# 皆关乎我们自己

通常认为，科学是对物质世界的探索，即原子、分子和材料是如何相互作用来决定我们命运的。不过，对社会科学家而言，理解我们如何生活、工作、与他人共处和理解物质世界同等重要。正是这个“社会世界”定义了我们是谁，获得了什么，又留下了什么。

社会心理学研究的是社会世界，以及出现在我们日常生活中的各色人等。它研究社会、文化和环境如何形塑我们的态度、行为和信仰；研究我们如何认识自己，自我认知如何与人际关系紧密相连；研究家庭、邻居、同事、爱人、敌人、政治家、肥皂剧明星、体育明星和陌生人，不一而足。总之，社会心理学关乎我们自己，这构成了本书的全部内容。

接下来，我会讲述社会心理学的故事：它的历史、关键时刻和主要理论。我将呈现迄今为止该学科的经典研究，谈论主要的思想家，以及他们的个人经历如何促使其理解人与人之间、人与社会之间的关联。此外，我还会讨论那些开创性研究，它们使

1 社会心理学成为当代最重要、最迷人的学科之一。从态度到吸引力，从偏见到说服，从健康到幸福，社会心理学能为改变世界并帮助解决21世纪的决定性问题提供洞见。

那么，就让我们从学科的简明历史与形成开始吧。

## 早期年代

从亚里士多德的古代哲学，到马克思、恩格尔等经济学家的著作，再到涂尔干的社会学理论，理解人类社会的本质一直是学界的不懈追求。但是，直到大约19世纪中叶，我们今天所了解的社会心理学方才形成。当时，哲学家、社会学家、人类学家和其他学科的学者开始发问：个人的希望、抱负与能力是如何形塑人际关系的？个人是如何影响群体、组织和全社会的？社会又是怎样反过来影响个人想法、感受，并最终影响其行为的？由此而生的各派思想自然交融，形成了社会心理学。



人们普遍认为，法国社会学家、人类学家、发明家和物理学家古斯塔夫·勒庞首先创立了真正意义上的社会心理学命题。在1885年所著的《乌合之众：大众心理研究》一书中，勒庞提出了“从众心理”的概念，以一种启迪式的、全新的方式思考人类行为。他认为，人们区分善恶的能力并非固定不变。相反，由于他人在场，我们的个性可以转化为“集体心理”。听起来牵强吗？好吧，这或许是彼时人们的看法，但和我们现在对集体主义动物物种，如蚂蚁或蜜蜂等的认知相去不远。勒庞认为，人类的
2 群体行为引发了类似动物界里所观察到的情况，一个有自己思想的群体会压制每个人的态度、价值观和信仰。该想法简单却充满争议——他人在场的情况下，个体可能会经历一种自身行

为的“责任扩散”。这与社会科学的相关分支尤其是经济学的基本假设明显不同。人们并不总是理性的，其行为有时和个人信仰明显不符，这一观点从根本上挑战了人类优势的主流观念，对社会心理学有关态度形成和改变的一些最具影响力的研究至关重要，这一点在之后我们会看到。

勒庞的理论是理论与认识论的一大进展，接下来要做的是进一步界定这门新学科的形成。当代社会心理学的一个基本要素是关注可检验的理论，生成假设，并坚持使用自然科学倡导的实验方法。实验方法源自1898年，当时印第安纳大学的诺曼·特里普利特实施了可谓是第一项社会心理学实验。像勒庞一样，特里普利特对群体感兴趣，但他关注的重点并非社会影响的负面效应，而是集体组织的积极效应。特里普利特注意到，有时在他人在场的情况下，人们无论干什么——运动、创作音乐或是工作——都表现得更好。他想以一种客观且可测量的方式来对明显的绩效提升进行量化。于是，他让一组孩子玩一个简单的游戏，游戏的目的是尽快转动渔线轮。重要的是，特里普利特比较了孩子们在单独和成对这两种任务状态下的表现。结果发现，两人一组转动渔线轮的速度要比单独一人完成快得多。这是心理学史上首个有记录的科学实验，它所揭示出的持久性现 3
象至今仍是许多深入研究的源头。我将在第三章讨论这一有趣的效应。

任何新学科的成熟都以出版成书作为标志，20世纪初有两部社会心理学著作问世。1908年威廉·麦独孤在英国出版了《社会心理学导论》，1924年美国心理学家弗劳德·奥尔波特出版了《社会心理学》。这两部专著都以特里普利特的开创性工作为基础，巩固了这门学科作为实验科学的地位。

麦独孤的书植根于生物学，他将社会行为定义成由遗传性或先天性特征驱动的行为。奥尔波特的书则较少依赖于创造自然科学的知识基础，更多在于调整研究方法。他提倡客观性和实验控制，呼吁用“硬科学”方法研究人类行为。他从社会学根源出发，进一步推动该学科更多地关注作为社会变革动因的个体，创造了至今仍在使用的术语（例如“社会促进”和“从众”）。

## 战争年代



20世纪30—40年代，社会心理学研究的受欢迎程度呈指数增长。大量的研究开始在美国和欧洲涌现，从拉皮埃尔1934年的“态度与行为”研究，到谢里夫1935年的社会影响研究，再到霍夫兰和西尔1940年有关攻击性的研究，新的现象不断被发现。稍后我将详细介绍这些经典研究，目前暂不透露。重要的是，这段时期的研究活动明确了接下来五十年学科的发展，这是社会
4 心理学真正的发现时代。

为什么会出现研究的激增？原因在于20世纪上半叶席卷全球的动荡和悲剧性事件。两次世界大战后，科学家愈加迫切地将注意力转向人类行为的研究。社会心理学已不仅仅是有趣的知识追求，它对理解人类冲突与攻击性的本质突然变得重要起来。

想象你自己是一位社会科学家，处在20世纪40年代末的冷战前夕，即将面临核毁灭的真实前景，你会怎么做？可以说，并非物理、化学和工程领域的技术进步导致了战争（这些只是让我

们更容易、更快地自相残杀）。战争的根源在人性，我们能够制造那些难以解决的分歧，但分歧似乎只有在冲突中才能解决。

随着技术以前所未有的速度向前发展，明白人类如何在合作、调解和冲突中相互联系变得极其重要。因此，社会心理学的进步必须紧跟工程学与物理科学的脚步，否则，我们制造冲突的能力将迅速超越我们和平共处的能力。我们稍后会看到，两次世界大战为许多研究提供了灵感，这些研究造就了今天的社会心理学领域。

## 认知革命

20世纪80年代，现代计算机诞生。它不仅改变了科学家分析数据的速度和效率，对心理学家来说，它还试图表达人类思维的内部运作。理解计算机编码、组织、处理和输出数据的方式，为认知心理学家提供了一块新模板，社会心理学家也乐于采用这块模板。 5

例如，行为被认为是输入—计算—输出过程的结果。因此，如果从现有数据计算出的积极行为比消极行为比例更高，我们就会对一个人产生积极的印象。正如大家所知，社会认知作为理论和研究的核心要素出现，涵盖了构成社会心理学的不同主题。该领域摆脱了前几十年盛行的行为主义方法，目的在于预测行为，还在于理解“社会心理”的内部运作。它旨在建立理论，直接解释我们的态度、信仰、价值观和意识形态是如何表现的，以及这些表现如何改变行为、与行为互动并预测行为。1991年，费斯克和泰勒出版的《社会认知》一书总结了这种新方法，该书仍是当今许多大学社会心理学书单的核心读物。

当然，计算机不仅提供了探究人们如何处理他人信息的新方法，还催生了全新的实验与数据收集方法。在此之前，测量态度和行为主要通过观察、定量方法（问卷和量表）或定性方法（访谈、文本和话语分析），计算机提供了在毫秒级反应时水平上呈现刺激和测量态度的手段。

这很重要，因为它让研究者能够评估意识之外所感知到的社会刺激的影响（例如，在计算机上以比眼睛能够识别的速度更快的速度呈现“男性”、“女性”、“年轻”或“年老”等词——大约三百毫秒——但足以让大脑捕捉），从而可以考察社会环境对行为更微妙的影响，并帮助研究者解决人们会给出社会期望的回应而非报告“真实”态度的问题。我们了解到，人们经常是所
6 说非所想（尤其当别人在场或者回答受到别人审视的时候），反应时方法使研究者能够评估人们不受社会规范和自我调节束缚的真实的、潜在的态度。

## 环境中的认知

尽管认知革命对这门学科的发展至关重要，但有些人认为，它最初过于关注社会心理的内部运作，忽视了社会环境的影响。为弥补这一点，近年来人们愈发关注所谓的“情境认知”，即社会认知是如何受社会环境影响的。从认知过程是固定不变的，到认知是当前情境的突现属性，这种观念的变化体现了最重要的理论转变。换言之，人们在社会环境中的思维方式并非事先存储的静态表现或所学规则的产物，而是会依赖于环境和参考框架而发生根本变化的。

例如，人们不会将存储在记忆里的单一刻板印象套用到特

定社会群体（如穆斯林）中的所有人身上，而是会对所遇见的该群体中的不同成员抱有不同的期待，这取决于他们之间的关系（如朋友、邻居还是陌生人）与所处的环境（如在家还是在工作单位）。环境和关系对于人们社会世界构建方式的重要性，现在是社会心理学的主要议题，我们将在后续章节中讨论。

## 当代社会心理学

如今社会心理学是一项全球性事业，世界各地不同的实验室每天都在进行着研究。社会心理研究发表在百余种杂志上，新的发现 7
每天都有报纸报道。社会心理网络（一个在全球拥有两千多名成员的教育组织）自1996年成立以来，网页已被浏览了数亿次。



不管是我们将要谈论的关于服从、从众、偏见还是说服的研究，社会心理学都已为商业、政府、慈善机构和其他组织提供了许多洞见。态度、领导力、宽容、攻击性、从属关系和吸引力、友谊和爱情这些概念，对从管理到教育、从健康到艺术、从政府到媒体的多种职业和工作都有广泛的实际意义。社会心理学学科具有令人难以置信的多功能性、适用性以及与现代世界的相关性，当你在自己的社会世界中适应、使用和应用其洞察力时，希望本书能为你在该领域打下一个坚实的基础。 8

第二章

# 社会心理

本章关涉社会心理的基本运作，即社会认知。认知是我们感知、处理、储存和回忆信息的思维机制。例如，你在读某句话时，大脑会产生一系列反应机制。首先你看到的是字词，继而视觉输入被转化、编码，并与记忆中这些字词的意思相匹配。当你理解每个字词的意思时，它会依据其他存储规则被编辑成一个句子结构。这个句子被解释并保存在工作记忆里，帮助你处理下一句话、下一段，直至整个章节。最后关键信息被总结、提取和存储，以便解释后续的信息。

社会认知的运作方式基本相同——除了刺激和意义，解释的都是我们社会世界的内容。因此，社会认知涉及我们如何编码、分析、存储和使用有关我们所遇之人和相互关系的信息，涉及我们一旦与人交流便会自然启动的心理过程。它是社会心理
9 学的基本要素，构成接下来我要讲的几乎所有内容的基础。

那么在实践中什么是社会认知呢？嗯，其实我们一直都在做，只是没有意识到而已。比如说，想想当你明早醒来时会启动

一个怎样的心理过程。也许你开始考虑当天晚些时候要准备的一个汇报。为什么要准备呢？当然有显性规则，这是老板让做的；但也有隐性规则，这些规则看不见摸不着，却对我们的行为产生了强大的影响。你肯定不想在同事面前出丑（这是一种社会影响），然后还有更宏伟的蓝图——你想做好工作，在职业生涯中取得进步。为何想这么做呢？这是你实现抱负的关键，你想让亲朋好友为你感到自豪（自尊和社会比较，两者都是社会过程）。

好吧，或许你不在想这些，而是在听收音机。收音机里流行音乐的节目主持人正在讲着她去超市购物的幽默片段（当她伸手去拿桃子时堆叠起来的水果坍塌下来），你为什么会笑？是感同身受（一种社会联系），并意识到她的处境（在别人面前觉得尴尬，这是另一种社会过程）。

或许起床后你就立即下楼去吃早餐了。全家人都在那儿。老爸开始问你的功课（来自重要他人的社会压力）；你昨天跟姐姐吵了一架，现在还有点生她的气（人际关系）；你不再吃熏肉，因为上周看了一部动物是如何被屠杀的纪录片（态度改变）。

我还可以继续说下去。社会认知几乎每时每刻都在起作用。即使独处，我们也在思量别人。比如，男朋友今早为什么疏远你？老板是否会通过你的升职申请？我们认识或遇到的每个人都会激发我们的社会心理。这些都不是新闻里会提及的大议题，移民、政治、经济这类社会议题及影响每天都围绕着我们每 10
一个人。

认知是社会影响的核心，驱动着我们的态度和偏见，以及利他主义和攻击性。在本章中，我将介绍社会认知的基础知识，特别是我们如何形成对他人的印象。为此，我需要回到社会心理学的源头，用一个比喻来定义这门学科的早期状况。

## 朴素科学家

社会心理学先驱弗里茨·海德想要创建一套社会心理的基本理论，目标是建立驱动社会行为的基本指导原则。其理念是，虽然人和动物一样，有一个生存需求层次（如食物、睡眠、性等是最基本的需求），但也有基本的认识论和存在的需求。为了生存，我们复杂的大脑需要知道我们是谁，以及这个世界是如何运作的。

海德认为，我们并不只是被动地观察世界，而是在不断地编码、分析和处理社会信息，这样做有助于满足我们的两种基本需求：了解世界和试图控制世界。换言之，人类的行为是由预测和控制的需求所驱动的。



这些驱动力在进化上是完全合理的。任何生物体的成功恰恰依赖这两条原则：一是处理信息的能力，以使我们能够创建有关世界的常民理论；二是在学习预测原则的基础之上来理解世界运行。如果我们能够理解世界，预测世界上发生的事，就能控制世界；能控制世界，我们就能生存（并传递我们的基因）。人
11 类祖先也是在不断的适应中才明白老虎要避开，而山羊适合放牧。关键是这些原则也适用于社会关系。了解了哪些人、哪些“部落”具有攻击性，从而要避开，我们的祖先才得以安全无虞，并繁衍生息。

在海德看来，构建世界运作模式这一需要是如此强烈，以至于在所有社会性和非社会性的互动中，我们都在寻找意义和意

图。他用一项经典研究论证了这种基本的驱动力。在论文“对表面行为的实验研究”中，海德和玛丽安·西梅尔给一组被试播放了一部短片，短片中若干几何图形（一个大三角形、一个小三角形和一个圆形）在一个大矩形（一侧有开口）内部和周围移动。看完这个非常简单的动画后，被试要回答一个问题：“你看到了什么？”

海德和西梅尔发现，研究中仅一人准确地描述了看到的情景（“大三角形进入矩形并来回移动”），其余被试都把几何图形的移动描述并阐释为人的行为。比如，有人这样回答：“一个男人打算去会一个女孩，那个女孩和另一个男人一起走过来。第一个男人让第二个男人走开，对方摇摇头不同意，然后两个男人就打了起来。”换句话说，被试把几何图形看作代表人，把观察到的图形运动视为社会互动模式的代表，基于所见构建了一个意义系统。



海德在这里所揭示的是一种基本的人类欲望，即希望事物是有意义的，这种欲望定义了社会心理处理信息的方式。根据海德的说法，这种理解我们周围的世界，特别是理解我们社会世界里人群的核心需求，决定了我们收集和处理信息的方式。他认为我们基本上是“朴素科学家”，通过构建心智模式去表征世 12
界是如何运作的。如第一章所述，在心理学形成之前，其他社会科学家对人性的普遍看法是：人是有理性的、善于分析的、有逻辑的。在海德看来，这些特性无非体现了朴素科学家的想法：我们想要理解这个世界，并不断地试图对他人的行动进行编码、分析和归类。弄清社会心理是如何做到这一点的，有助于激发社会心理学一个主要研究领域的发展：归因理论。

## 归因理论

归因是我们赋予世界以意义、理解世界的方式，是对人们行为的原因做出推论。我们每天都在归因，在我们的社会世界里确定因果关系。想象一下，你上班时在走廊上看到两个朋友在争吵。脑海里想到什么？你可能没看他们的穿着，而是在进行归因，试图弄清楚他们为什么吵架。换句话说，你正试图把结果归因（引起争吵的原因）。

再举一个例子，你喜欢的那个男孩或女孩一直在朝你这边看。想想你当时脑子里在想什么：是因为他或她也喜欢你，还是纯属自己的想象？在这种情况下，你试图从他或她的行为推断出他或她的意图，即试图为结果（他或她朝你看）找到原因（最好是他或她也喜欢你）。

尽管名字听起来颇为专业，归因却是一种日常性的理论。我们确实每时每刻，甚至在试图了解自身需求、欲望和驱动力的时候都在这么做（我想在大学阶段学习心理学吗？除了统计数据以
13 外，我好像还挺喜欢它的，诸如此类）。

因此，归因是社会认知的关键方面，即我们如何在社会世界中确定因果关系。然而，与物质世界相比，社会世界里的因果推断有一个重要的差异：物理对象不会随情况而变（除非我们进入量子力学，不过现在还是让我们停留在基本的牛顿力学吧！），但社会对象会。

就拿一支笔来说吧。无论在什么情境下，无论在什么地方，笔就是笔。无论放在你的口袋里、手中，还是桌上，这支笔的典型特征始终不变。确定钢笔为什么会出墨水很容易，因为不管

环境如何，原因和结果都是稳定的。

现在来说说人吧。人的典型特征是人格。人格虽然相对稳定，但也会随情境而变。和朋友在一起时，你的表现会和求职面试时有所不同。要理解和预测一个人，我们不能忽视情境，要了解核心人格特征和情境特征，以及两者之间的交互作用。在社会情境中，考虑情境会使归因过程变得更难，这正是归因理论要研究的，即我们如何决定个人行为是归因于内在核心的人格或性格特征（“他正朝这边看是因为他喜欢我！”）还是情境特征（“哎呀，他看这边是因为他的朋友在我后面”）。

## 情境的力量



库尔特·勒温是以物理学家的身份开始科学生涯的，但在第二次世界大战中所经历的犹太人大屠杀浩劫促使他去理解社会心理的机制。他认为，和物质世界的物体一样，人们的行为不 14
仅受到自身意图的影响，还受到周围（社会）世界中“动力场”的影响。正如物理学家可以预测物体在介质中的速度和运动一样，心理学家如果知道社会介质的属性，也可以预测穿行其中的人们的行为，重力、黏度等就变成了情境的元素。这一关键性洞见形塑了接下来五十年对社会心理的研究：要了解人们，我们需要在情境中实地去了解他们。换言之，任何人的行为不仅由其内在特征（欲望、希望、驱动力等）决定，而且由其所处情境的特征决定。

情境的力量——有时是压倒性的力量——在菲利普·津巴多著名的（同时也是臭名昭著的）“斯坦福监狱实验”中得到了证明。在这项早期的社会行为研究中，一组志愿者被随机分成两组，分别扮演狱警和囚犯。津巴多通过一系列强大的情境元素来增强随机分配的角色的权力。角色一分配好，模拟就开始了——囚犯们被拖到警察局，采集指纹，然后剥光衣服。狱警和囚犯都被去个体化，分别领到警服和号码，狱警戴着墨镜，避免眼神接触。

随后发生的事证明了情境在决定行为方面的力量，令人难以置信。狱警们越来越沉浸在自己的角色中，对囚犯们的攻击性越来越强，并使其蒙受羞辱。最终，由于担心囚犯的安全，模拟实验不得不停止。该研究显示，社会角色和情境在改变人们行为方面有着惊人的力量（记住，参加模拟前狱警和囚犯完全是
15 随机分配的，都是社会适应能力良好的典型美国公民）。



在本书中，我将向你展示许多例子，阐明社会角色、刻板印象、类别/范畴、人群和其他大量的情境决定因素如何揭示出人类行为最黑暗的一面（从“只是在服从命令”的纳粹警卫，到最近伊拉克发生的阿布格莱布监狱暴行）。目前重要的是，这些研究表明，任何人的行为都不能单纯用其人格、驱动力或动机来解释，与此同时我们也必须考虑到情境。

## 做出归因

任何人的行为都可能有一个内因（性格、人格、情绪）或外因（情境、运气、他人的影响），归因理论关涉能让人们得出一个或另一个诸如此类结论的过程。多年来，关于人们如何归因的理论层出不穷，最著名的当属凯利的协变模型。

协变模型为人们如何对观察到的行为进行内部和外部归因提供了一套规则。凯利认为，人们为此会寻找三类信息：共识

性、一贯性和特异性信息，而后整合这些信息，推断出最有可能导致当前行为的原因。

举例说明，有一天你来到校园，你最好的朋友戴着一顶疯狂的红色假发摇摆着向你走来，你的社会心理会立即自动发问“为什么？”。根据协变模型，你在寻找三类关键信息。

第一，共识性。只有你的朋友戴着红色假发（共识性低），还是周围的人皆如此（共识性高）？如果只有你的朋友这样，说明是性格原因（你朋友的特质，或许他们喜欢出风头）。相反，16
如果每个人都戴着红色假发，意味着情境原因（也许今天是红色假发慈善日）。

第二，一贯性。你的朋友总戴着红色假发（一贯性高），还是只有今天才戴（一贯性低）？如果总戴着，再次说明他喜欢与众不同——这是其人格的一部分。如果只是今天才这么做，就再次暗示这是一个情境原因——今天是红色假发日。

第三，特异性。你的朋友在其他情境中戴红色假发（特异性低），还是在校园里才戴（特异性高）？如果在其他情境中亦如此，暗示是性格原因（不管情境如何，他想通过戴古怪的假发来彰显个性）。不过，如果他只在校园戴，在其他场合不戴，就意味着是情境原因——又是红色假发日。

依据协变模型，人们评估这三类信息，通过一个计算过程来权衡，并对每类信息进行高评估与低评估。例如，可能并非三类信息都一致。也许校园里的每个人都戴着红色假发（共识性高，意味着情境原因——红色假发日），但不管情境如何，你的朋友反正总戴着假发（一贯性高、特异性低，意味着性格原因——他个性古怪）。该模型预测，感知者必须权衡相互冲突的共识性信息和一贯性、特异性信息，决定信息的取舍，最终做出总体判断。这种情况下，共识性信息在最终归因时可能会不被重视或权重减少，也就是说，尽管在这个特殊的日子（红色假发日）每人都
17 戴着假发，你朋友的个性也还是比较古怪、喜欢出风头的。

虽然大量的实证证据表明，人们使用上述三类信息得出行为原因的结论，但是像协变模型这样正式的归因模型显然存在“先天不足”，因为人们在许多情况下似乎绕过了模型规定的复杂计算，但仍然做出了归因。有些研究的确发现，当人们获得共识性、一贯性和特异性信息时，能够基于模型预测的人们行为的原因得出结论。如果遗漏了一些信息，或是改变了判断所需的条件（如时间压力、动机等），模型就会崩溃失效。相反，人们似乎使用了一个完全不同的过程进行归因，有些研究揭示了这个过程，发现当人们被要求在非最佳或非理想条件下进行归因时会出现“错误”。



## 归因偏差

本章开始我就提到，我们思考社会世界的时候讲究逻辑、理性，像朴素科学家那样行事，试图构建一个有意义的、可预测他人行为的模型。在某种程度上的确如此，但是这种对意义和稳定的渴望并不是决定我们如何看待他人的唯一驱动力。

随着归因理论研究的进展，我们发现很多时候自己的思维方式根本不像朴素科学家。我们不会对他人及其行为进行“验证假设”，当然也不会每次社会互动时都在头脑中做复杂的统计计算，相反，我们似乎经常依赖“直觉”和“本能”之类的东西来形成对他人的印象——这些看似无形的思维过程实际上是可

以被分离、定义、归类和预测的。归因偏差研究揭示了这种更快
捷、更简单的思维方式。 18

人们表现出来的第一种偏差被称为基本归因偏差，因为经常这样做。在其他条件相同的情况下，人们倾向于进行性格（内部）归因，而非情境（外部）归因。试想有天晚上你走出夜总会，看到两个不认识的家伙在打架。你的第一反应是什么？很可能你认为他们不是好人，打架是性格使然。如果你卜周在酒吧碰到他们，对他们的第一印象很可能保持不变——不管他们看上去人有多好，上周你还看到他们在打架，这会影响你现在对他们的看法。换言之，你的第一想法是，行为表明稳定的性格特征，这就是一种性格归因。



琼斯和哈里斯1967年的一项研究为该偏差提供了早期证据。该研究在冷战期间进行，要求被试阅读一篇支持菲德尔·卡斯特罗领导古巴（大约在古巴导弹危机时期）的文章，然后推断作者的态度。但推断前，事先告诉被试文章的主题（支持卡斯特罗）是作者自由选择的还是通过抛硬币随机决定的。被告知作者是自己选择写的被试，很明智地推断出作者的态度确实是支持卡斯特罗；但是被告知文章主题是随机决定的被试，也推断作者是支持卡斯特罗的。换句话说，即使知道作者没有文章主题的选择权，他们仍然会根据观察到的行为做出性格归因，这一点尤其引人注目，因为在那个历史时刻，美国人普遍关注古巴和卡斯特罗政权（合乎逻辑的预测应该是很少有人会支持卡斯特罗）。

基本归因偏差表明，当人们在试图归因时，并不总是在头脑
中进行复杂的统计计算；相反，他们会利用其他的一些信息来源 19

做决定。对第二种偏差即行动者-观察者偏差的研究证明了这一点。1973年，斯托姆斯开展了一项类似琼斯和哈里斯的研究，发现对他人进行归因时，人们倾向于产生基本归因偏差（容易将他人行为归于内部原因），但是对自己做同样的评估时，他们倾向于做出情境归因（容易将自己的行为归于外部原因），也就是说，基本归因偏差被逆转了。

对此的解释是感知显著性。具体来说，我们的注意力会被眼前场景中最明显的东西所吸引，这正是我们归因之处。根据这种解释，我们之所以会犯基本归因错误，是因为我们面前的人通常是场景中最吸引我们注意力的——他们在活动、说话、到处走动，而情境在背景之中，所以我们不太可能做出情境归因，更可能做出性格归因。另一方面，当我们对自己的行为进行归因时，无法在场景中看到自己，而看到的是情境，所以情境成为我们最关注的焦点。

只需借助一面镜子，对感知显著性的解释就可以发生逆转，这也进一步支持了感知显著性。研究表明，当要求被试对自己的行为做出归因时，如果在他们面前放一面镜子，效果就会截然相反：他们现在很可能对自己做出基本归因错误的评价（即做出性格归因）。这完全符合感知显著性的解释，即在镜子里，注意力又集中在我们身上，性格归因更有可能发生。

想一下你的日常生活，就会发现我们一直都在这么做。如果你遇到粗鲁“冷淡”的人，可能会觉得他们不是好人（性格归
20 因）。但是，如果你遇到别人时刚好心绪不佳，你不会突然改变对自己的看法，并觉得自己很糟糕——你知道自己心情不好，因为早上家里的洗碗机爆炸了。换句话说，你知道导致自身行为

（心绪不佳）的情境因素，却看不见同样的情境因素是如何影响他人的。

用我们知觉上最显著的东西来归因是一种认知偏差，但也有其他偏差是动机导致的。我们不只是被动地观察周围的世界；我们的希望、需求和欲望也预测着我们如何解释他人及自身的行为，而且常常带有偏差。自利归因是指有时归因的方式与计算和感知显著性无关，我们只是以一种让自我感觉良好的方式进行归因。

假如你在社会心理学测试中考得很好。你可能会感觉良好，为自己的聪明和努力感到骄傲——性格归因。你可能不会将此归因为运气等外部因素。相反，假设你考得很差，如果你把原因归结为做选择题时运气不好，或是老师教得很差劲，而不是归因于你没那么聪明，你会感觉好得多。将成功归因于内，将失败归因于外，是我们调节自尊和自我价值观念的一种方式。



这些归因偏差和错误表明，人们在寻求为周围的世界建立一个稳定的、可预测模型的过程中，并不总是像朴素科学家那样行事。海德所发现的驱动力告诉我们，是什么引导着社会心理去探索世界；但如何做到这一点的机制是不同的。人们不只是合乎逻辑地、理性地处理信息。相反，他们会走诸如感知显著性这样的捷径，或者动机会影响他们对世界的看法。在超越归因 21
判断的思维领域已经发现了此类捷径，这些研究形塑了一种完全不同的社会认知观。

## 认知吝啬鬼

归因错误和偏差的发现，揭示了社会心理的另一面。这一面并不是理性的、合逻辑的、谨慎的和系统的，而是依靠感知显著性等线索，采取一种更为简单的方式进行社会判断。但如果人们不（总）是朴素科学家，那么他们是什么？费斯克和泰勒在开创性的著作《社会认知》中提出，我们完全是另一副模样——认知吝啬鬼。

与朴素科学家相反，认知吝啬鬼没有系统性和逻辑性，他们不会花很多精力去思考和分析周围的世界。相反，他们依赖于被称为启发式的省时思维捷径。认知吝啬鬼不太关心世界是否有意义，只关心尽可能有效地消耗认知资源。他们本质上是一个心理会计师，知道在任何时候人们都只能考虑这么多——所以想出了启发式捷径，试图用更快捷省力的方式接近朴素科学家得出的结果。



因此，启发式是一种省时的心理捷径，让我们无须费时分析或处理信息就能做出判断。比如，和费力地寻找共识性、一贯性和特异性信息（然后计算、分析、整合这些信息来做出判断）相比，依靠感知显著性进行归因的策略更简单快捷。这些捷径快
22 而容易，但高效率也有代价。虽然启发式通常是准确的（否则我们也不会用），但远不如朴素科学家采用的系统思维策略准确，因此会导致一些在归因领域观察到的错误和偏差。

也许研究最多的启发式是可得性启发式，它能解释感知显著性对归因判断的影响。实际上人们的判断会被当前情境中最引人注目或最容易想到的东西所左右、锚定，有时甚至强行控制。

想象一下，假如你即将登机飞往外地过暑假，此时候机厅的电视屏幕上播放了一架飞机在北美某地坠毁的突发消息。新闻

里的坠机事件，对你搭乘的飞机坠毁的概率没有任何实质性影响（从统计学上讲，飞行仍然比几乎任何其他形式的旅行都要安全，最近的这次坠机事件不会改变这一点）。然而，尽管你从逻辑上知道这一点，但登机时可能还是情不自禁地感到比平时更紧张，这就是可得性启发式在发生作用。你可能意识到这不符合逻辑，但仅仅是因为你可以容易地回忆起这则新闻，就会对你的旅行“直觉”产生深远的影响。

不妨回想一下2001年“9·11”基地组织袭击纽约后的那几周，航空旅行几乎减少了20%。这次事件在人们脑海中如此凸显，似乎让航空旅行变得比原本更危险（事实上统计数据显示，相较于其他形式的旅行，“9·11”袭击对航空旅行的实际安全影响微乎其微）。

可得性启发式是在判断和决策的一系列其他现象背后的，也许最明显的就是错误共识效应。百余项研究表明，人们有一种普遍的倾向，认为无论遇到什么问题，大多数人都会同意他们的观点。我们当然清楚自己的观点，尤其是强烈持有某些观点的时候（即我们经常回忆起它们），但是我们并不了解他人的观点（比如它们并非实际存在，或是分布在大型网络上）。



## 社会启动

本章讨论的启发式展示了认知吝啬鬼是如何在日常思维中使用捷径的，对于我们理解社会心理很重要的是了解如何运用捷径形成对他人的印象。可得性启发式影响我们对他人印象的一种方式是启动效应。所罗门·阿希是社会心理学的先驱，本书会经常提到他。他论证了人们如何在初次见面时就对别人的信息产生难以置信的偏见。在1946年的实验中，他给两组被试一张描述某人的形容词列表。第一组拿到的列表呈现如下特性，排列顺序是：聪明的、勤勉的、冲动的、爱挑剔的、固执的、嫉妒的。

然后要求被试说出他们认为此人如何。总的来说，被试认为这个人很好，并给出了积极的评价。阿希给第二组的是相同的列表，但排列顺序刚好相反：嫉妒的、固执的、爱挑剔的、冲动的、勤勉的、聪明的。

当被要求说出对此人的印象时，这组被试给出的评价就不那么积极了。本研究证明了可得性启发式的力量。人们记住的
24 是最有效的信息，尤其记得第一次见到某人时接收到的最初几条信息。

社会启动在日常认知中无处不在，这个例子很好地说明了社会心理有时是认知吝啬鬼，有时是朴素科学家。一方面，是一种省时的心理捷径，减少了所需处理的信息量；另一方面，帮助我们根据第一印象构建预测心智模式。还记得海德所说的我们对一贯性和可预测性有着基本的渴望吗？社会启动可以被视为这一点的表现。我们想要创建结构和意义的欲望如此普遍，以至于从接收信息起我们就开始这样做。最初接收到的信息会形成结构，然后过滤掉其余信息，导致所谓的确认偏差。所以，如果你对某人形成了“勤勉的”印象，那么他们表现出的固执行为很可能会被你解释成“坚定的和坚决的”。相反，如果你对他们的第一印象是“嫉妒的”，其固执的行为很可能被解释成“守旧的”和“死板的”。阿希的研究表明第一印象确实很重要！

这种框架效应在人们描述重大问题上也很明显。想一想世

界各地的冲突，反对派和政府是如何谈论这些冲突的——他们称“自由战士”还是“恐怖分子”，“占领者”还是“维和人员”？如何给事物贴标签能从根本上改变后续信息的解读方式，这在媒体、法律和政治中都能发挥巨大的作用。框架对于我们如何处理信息、如何形成态度和印象至关重要。

约翰·巴奇说明了看似无关的信息是如何创建出这样一个框架的。在1996年的“语言研究”中，他要求被试首先将单词整理成一系列句子，被试不知道这项任务实际上是为了创建框架。 25
一半的被试把单词整理成与礼貌行为相关的句子，另一半则整理成有关粗鲁行为的句子。之后，被试以为实验结束，就开始了第二项实验（这次他们将与另一名被试交谈），因变量是被试打断实验者和另一名被试交谈的频率。受到粗鲁启动的被试比受到礼貌启动的被试打断实验者的次数更多，这说明两点：其一，框架不仅会影响我们对他人的印象，还会影响我们的行为；其二，框架会影响与其形成的环境无关的行为。

我们在社会情境中自动创建意义的冲动并不只是“在线”完成的，也就是说，是由我们接收到的关于某人的早期信息形成的。我们随身携带着大量基于以往经验的过滤器和框架，一见到别人（甚至在此之前），它们就开始影响我们对他人的信息处理。这些框架被称为图式、脚本和刻板印象。

## 脚本、图式和刻板印象

脚本和图式是理解世界的捷径，遵循与框架效应相同的基本原则，但是它们更详细、更复杂，并存储在记忆中，当我们在日常生活中遇到触发它们的特定情境时，它们就会被激活。它们是反映我们的社会世界如何运作的微型心智模式。

比如去电影院看电影。当你到达电影院时，你的脚本就开始生效了：你知道要先去售票处，然后是糖果柜台，接着走进正确的观影厅，灯光熄灭后就不能说话了。你知道在售票处购票
26 时不能插队挤到前面去，买好票后要对号入座，一旦电影放映，就不能随意站起来或大声说话，或是因为感到快乐就开始引吭高歌！在这种社会情境下，什么行为是必要的、可接受的，都有一个脚本。

想想日常生活中出现的其他脚本：开车，去超市，照着熟记的食谱做一顿饭。我们知道在快餐店要走到柜台前点餐，在豪华餐厅则要等待服务。下次当你看到交通堵塞的车辆像波浪一样分开让救护车通过，想一下发生了什么——每辆车里的人都清楚地知道这种情境下需要做什么。这是一个社会共享的脚本，在特定的环境提示（救护车警报）下被激活。



脚本形成于经验，就像学骑自行车一样。一旦脚本形成并被激活，可以影响一系列的期望、意图、解释和行为。在很多方面，脚本的运作方式就像当情境适合时脑海中出现的可得性启发式。虽然这些认知捷径在日常生活中非常有用，但它们适用于不同人群时，也有可能对人们的生活产生负面影响。

图式是基本分类过程的结果。比如让你想一种“水果”，想到了吗？你肯定想到的是苹果或橘子，这些是人们想到“水果”类别时最容易被想起的东西。现在想想机械师。你肯定想到的是一个男人，男性是机械师类别的职业图式。

有关不同群体的图式就是刻板印象。它们完全符合启发式的描述，是经验法则——这些捷径使我们不需要经过费力耗时

的心理过程就能对人们做出假设，并预测其行为。这些捷径和 27
假设非常有用。在医疗紧急情况下，期待医生（而非水管工）拥有拯救他人生命所需要的知识至关重要；而家里漏水的时候，你知道水管工可以帮忙（但牙医不行），诸如此类。

对他人的期望帮助我们构建并赋予周围的世界以意义，同时也是形成对他人第一印象的极其有效的方式。刻板印象意味着我们不一定要像朴素科学家那样创造对世界的心智模式，从纯功能视角来看，这是有道理的。在医疗紧急情况下，我们根本没有时间花几分钟来询问医生，从提供的信息中合乎逻辑、理性地查明他是否具备必要的医疗知识。

与目前所描述的所有框架效应一样，刻板印象的问题在于，对新信息的解释存在明显的偏见。尤其是当刻板印象一开始就基于错误或不公平的负面信息时，更成问题。刻板印象的框架效应和过滤效应已被众多研究证实。在一项研究中，研究人员给被试播放了一段一位女性享用生日晚餐的录像，告诉被试她是女招待或是图书管理员（创造刻板印象的框架）。如果被告知是前者，被试随后能更好地记得看到那个女人喝过啤酒；如果被告知是后者，他们能更好地记得那位女士戴着眼镜。



这种确认偏差已被证明会影响十分重要的社会决策。例如，有研究表明，在完全相同的案件证据基础上，模拟陪审团更有可能认为少数族裔被告有罪（相对于白人被告而言），但是只有在给出信息之前就提供姓名（一个明确的种族标签）才会这样。这样做会创建一个框架，改变对随后呈现的信息的解释。对于努力为所有人创造机会平等和宽容的社会来说，这也 28
可能是一个真正的问题。例如，如果一名女性因为自己是女性而无法在工程或科学等“男性”领域内找到工作（即该职业的反性别刻板印象），那么这就是刻板印象传播不平等和偏见的例子了。

因其通过语言而维持，刻板印象也很难改变。语言群际偏见描述了语言是如何传递和维持这些联系的。具体来说，在编码、表征和使用内群体的积极行为与外群体的消极行为时，人们倾向于使用抽象语言。反之，在编码、表征和使用外群体的积极行为与内群体的消极行为时，人们倾向于使用具体语言。重要的是，抽象语言意味着焦点话题是一个持久、稳定的特征，具体语言意味着一个一次性、孤立的例子。通过这种方式，一个人将自己的群体（内群体）与积极情感联系在一起，而将其他群体（外群体）与消极情感联系在一起，这种联系可以自我延续。我们将在第五章详细讨论负面的刻板印象是如何形成的，以及它们的使用如何导致偏见、不宽容和不平等。



## 有动机的战术家

本章中，我们已经看到人们是如何有逻辑和系统地处理关涉他人的信息，或是如何快速高效地处理信息，却增加了出错的风险。哪一种正确？研究表明这两者都适用，而且完全正确：我们既是朴素科学家，又是认知吝啬鬼，这要视情况而定。思考这两个模型如何应用的最佳方法，是将海德关于朴素科学家初始概念的组成部分分为潜在驱动力和过程。驱动社会心理的基本欲望是创建社会世界的预测模式，可以通过两个过程来实现：要么通过朴素科学家指定的理性、系统、符
29 合逻辑的思维机制来实现；要么通过认知吝啬鬼使用的更有

效但容易出错的启发式来实现。换言之，我们可以结合当前的情境，采取任何一种思维方式来创建我们社会世界的预测模式。

情境的特征似乎可以预测信息加工路径。当没有其他信息可以继续获取，或是处于匆忙或忙碌状态（参与更费力但更准确的系统加工的动机不强），人们就会依赖刻板印象。相反，当人们受动机激励想做到准确，或是如果有信息表明某人与刻板预期相悖，那么人们就更容易“摆脱”刻板印象，重新形成印象。因此，社会心理有两种可用的思维方式：一种缓慢、费力、准确；另一种快速、简单，但有时不太准确。这两种印象形成方式可归纳为印象形成的连续体模型。



根据连续体模型，默认的加工模式是启发式。所以，首次遇到某人时，我们会试图将其归入一个社会类别：男性还是女性，年轻人还是老年人，基督徒还是穆斯林，等等。最基本的类别（性别、年龄和种族）分类发生在最初的几毫秒内。如果这个人符合该类别，那么刻板印象就得到应用，所有的后续信息都会被过滤掉。

然而，有时候内在驱动力和情境因素会让感知者从连续体的启发式末端向系统思维末端移动。例如，如果这个陌生人是你的面试官，你很可能会自动转向系统加工（高度关注）末端。或者如果此人不符合现有类别，或与预期相冲突（如图1的女机械师），那么现有的刻板印象就毫无用处，作为一种印象形成的手段被抛弃。此时朴素科学家开始介入，增加 30
认知资源的分配，试图理解眼前的这个人。本质上，这是朴素科学家试图修正他们的周围世界的心智模式，以确保其保持

图1　女机械师。打破刻板印象的人会修正对社会角色的现有信念



高度的可预测性。如果他们忽略这些规则之外的特例，那么系统最终会崩溃。

这样，认知吝啬鬼和朴素科学家就能一起和谐地工作。认知吝啬鬼监控他们周围的世界，应用他们的心智模式的规则（脚本、图式和刻板印象）。但是，当遇到的人不符合规则，或者不适合系统的时候，说明要对系统进行修正。这时就需要朴素科学家介入，对眼前的这个人提供详细的、系统的分析，并修正心智模式。然后，将修正后的模式应用于未来的交互活动，整个过程再次开始。因此，一些社会心理学家认为，我们实际上是有动机
31 的战术家，采用最能帮助我们理解世界的加工策略。这也可能是随着时间的推移，刻板印象得以改变的方式。随着我们越来越多地接触到反刻板印象的角色（如女机械师），我们对于不同职业规范的刻板印象可以被修正。

这就是社会心理，是思考人的基本要素。这些机制将指导我们理解本书的其余内容，在往下读的过程中，我们要牢记这些基本原则。人们试图理解他们周围的世界，建立他们的社会世界的模式，从而能够预测他人的行为，并且能够实现自己的目标和抱负。 32

第三章

# 态度与影响

现在我们知道了社会心理的基本运作方式，以及帮助我们创建社会世界预测模式的机制，但是内容呢？我们的心智模式由态度组成。态度是关于某个物体、人或问题的一套信念，可以简单清晰，也可以复杂多面。态度是心智模式的基本构件，帮助我们预测世界为何如此，以及我们是否认为它应该有所不同；它影响并引导着我们的理想、抱负、价值观和意识形态。

如果社会认知的子领域描述了我们如何构建社会世界心智模式的物理学，那么态度决定了该模式的特征。态度预测我们的行为，对我们是谁、做了什么、为什么这样做不可或缺。在本章中，我将讨论态度是如何形成、改变和预测行为的，讨论它的内在社会性，以及如何在回应我们周围人群的过程中得以界定和完善。

## 态度形成

33 1968年，罗伯特·扎荣茨发表了一篇论文，彻底改变了人

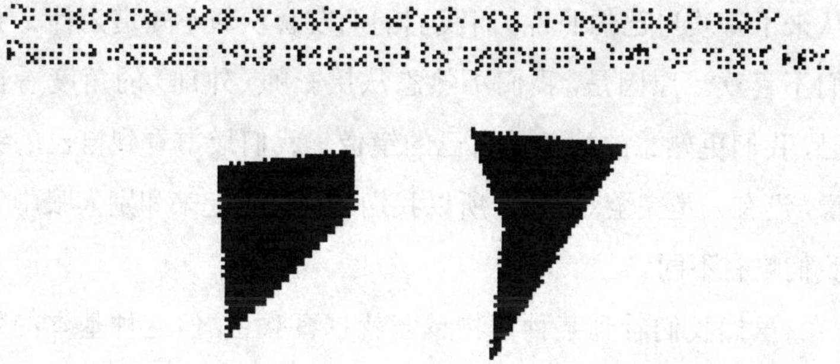

图2　扎荣茨在纯粹接触效应研究中用到的符号

们对态度形成的思考。他的研究是让被试看十个类似中文的符号，每个符号每次出现两秒（见图2）。重要的是，这些符号纯属虚构，被试以前从没有见过。每个符号出现的次数不同（五次、十次、十五次，诸如此类），呈现的时间也因此不同。接着，被试再次看到这些符号，要猜测每个符号表达的词义是积极的还是消极的。扎荣茨发现，人们显然更喜欢呈现时间较长的符号。

已有数百项研究复制了“纯粹接触”效应，刺激各种各样，从人到食物，再到涉及复杂社会问题的陈述，累积的证据确证了该效应的真实性：我们看到某样事物越多，就越喜欢它。

纯粹接触代表了态度形成的最基本机制：我们喜欢熟悉的事物。想到第二章提及的驱动社会心理的基本需求，我们认为这很有道理。社会心理需要构建一个有意义的世界心智模式，使我们能够预测他人的行为和社会环境的运作方式。熟悉的是可预测的，所以看到熟悉的事物我们会感觉良好是有道理的。34
纯粹接触是构建我们的社会世界预测模式的社会心理最基本的表现形式。

这种效应甚至可以解释一些奇怪的现象，比如为什么我们从来不喜欢自己的照片，而我们的朋友喜欢却不知道为什么我们不喜欢。原因是，我们不熟悉从摄影师（外部）的角度看自己，我们更熟悉的视角是自己的镜像。我们最常看到自己的镜像，没有人是完全对称的，所以我们的镜像看起来和别人眼中的我们略有不同。

虽然我们看到某种事物越多就越喜欢它，但这种基本的效应是由构成我们体验的关联情感所限定的。联想学习是我们的社会心理学习周围的世界中什么该接近、什么该避免的另一种方式。人类大脑中最古老的系统使联想学习成为可能，我们甚至与动物共享这一系统。我们习惯于检测环境中的共变：当两件事同时发生的次数足够多，我们就会期待一件事会导致另一件事。著名的例子是伊万·巴甫洛夫的实验，他把给狗喂食的铃声和食物配对，发现过了一会儿只是响铃就足以让狗分泌唾液，因为狗已经知道铃声响后就会有食物。人类也可以在社会刺激中获得同样的联想学习。



卡洛琳和亚瑟·斯塔茨做了一项实验，让被试看到“荷兰人”或“瑞典人”等词，这些词和积极或消极的词汇同时相伴呈现。随后，要求被试表明对不同的国家有什么感受，包括那些在学习阶段与积极或消极词汇相关的内容。果然，当“荷兰人”与
35 积极词汇配对时，被试对“荷兰人”这个词的感受更积极，当“瑞典人”与消极词汇配对时，被试对“瑞典人”这个词的感觉更消极。当实验者在学习阶段颠倒配对时（“荷兰人”—消极，“瑞典人”—积极），被试随后对国家标签的感受也随之发生改变。

值得注意的是，当积极或消极词汇和无意义的词语配对时，这种效应更强，意味着如果人们对手头的问题、物体或人缺乏事

先的了解，联想学习可能是态度形成更重要的决定因素。这很有道理：联想学习是我们建立自己的世界的心智模式的方式。一旦建立起来，就很难改变（就像我们在第二章看到的脚本、图式和框架）。关于世界如何运行的心智模式只有在它不会立即改变的情况下才有用。

除了纯粹接触和联想学习所描述的基本学习机制外，人们还可以有意识地形成和表达态度，试图控制他们的社会世界。态度形成的功能理论认为，我们积极地采取支持、发展和定义我们重要目标的态度，这样的态度具有表达价值的功能。热爱动物的人可能会大力支持全国动物保护协会（NSPCA）。相反，绿色和平组织或LGBT维权人士可能会更早地形成与支持他们发挥作用的核心信念相一致的态度。



或者，人们持有某种态度是为了融入群体，建立联系与共识，或者安抚和取悦重要他人。这是功利性功能——我们表达的理念（和持有）态度可以使我们更容易建立关系。为了相处融洽，有些人可能会和朋友持相同的态度。如果你的朋友都喜欢某位流行歌手，而你不喜欢，可能会让你们更难找到共同点，
更难交流，更难参与共同的活动。或许你的闺蜜交了一个非常 36
喜欢足球和汽车的男朋友，你发现她们突然都对足球和汽车产生了兴趣。或许你父母都是教师，希望你能追随他们的脚步，所以你发现自己被教师职业所吸引。这样的态度有助于我们实现目标——是实现目的之手段。它们可能无法反映我们真实的或私下的态度，但并不会降低其真实性，或降低其对行为的预测能力。我们将在本章后面的部分更深入地探讨从众和社会影响，以及公开态度和私下态度之间的区别。

态度不仅能控制我们的环境，还能帮助我们积累知识。这种知识功能使我们能够预测世界，并满足社会心理的这一基本需求。例如，如果有人讨厌外国食品，这可能会导致他/她形成不喜欢出国旅行的态度（甚至不喜欢外国人，采取反移民的观点，反之亦然）。

最后，态度还有自我防御功能，例如，有人可能是种族主义者，或者指责移民抢走了所有的工作，以此来保护自己免受失业带来的消极自尊的影响。还记得第二章提到的自利归因吗？它会导致自我防御态度的形成。因此，认为老师教得不好的态度，是一种外部归因失败、保护自尊的方式。

## 当态度预测行为时



对态度的研究很有趣，展示了我们如何创建一个自己的社会世界的连贯模型。然而，社会心理学家不只是想了解人们如
37 何表征他们的社会世界，还希望这些知识有实用价值，特别是能够预测人们的行为。如果态度不能预测行为，它在教育和社会政策等方面就没有什么实际的用途了。令人担忧的是，早期研究表明事实正是如此。

1934年，心理学家理查德·拉皮埃尔和一对中国夫妇开车周游美国，想看看有多少家造访的旅馆和饭店愿意为中国人提供服务。当时美国对东亚人抱有很大的偏见，所以研究解决的是重要的社会问题，想了解态度（造访过后通过电话调查测量）是否可以预测行为——这种情况下是服务中国夫妇的意愿。拉皮埃尔发现，尽管普遍存在偏见，二百五十家旅馆和饭店中只有一家拒绝为这对夫妇服务。然而，不久之后当他电话联系相同

的店家，试着为另一对中国夫妇预订时，发现行为模式截然不同——90%的饭店拒绝为他们服务。

对于一门试图将自己确立为有用的社会科学的学科来说，该研究结果令人震惊和不安，说明态度研究毫无意义，因为很简单，态度并不能预测人们的行为。好吧，事实证明并没有那么糟糕。后来的研究发现，态度只能预测特定情况下的行为。

实际上这很有道理。人不是单维的，正如我们在第二章看到的，人格并不总能预测行为。我们也必须考虑情境（即使是最外向的人也会在葬礼上表现出克制）。态度也是如此。它是预测行为的坚实基础，但我们也必须记住其他因素。例如，要预测行为，必须在同样的特定性水平上测量态度。 38

以拉皮埃尔的研究为例：他联系了饭店老板，问他们是否会为中国人服务，但他真正造访时，问的是能否为一对特定的中国夫妇服务。对一般人群的态度和对群体成员个人的态度大有不同。另一个因素是社会赞许性。本章后面我们将看到，人们非常关注自己在他人面前的形象，比如，礼貌的社会规范可能比任何私人持有的态度更加重要。所以，你可能真的不喜欢你女友或男友的那些朋友，但是聚在一起时，还是保持沉默，维护和平吧！

态度也会随时间的推移而改变。拉皮埃尔的态度评估是在行为评估后数月进行的。如前所述，社会心理总是在寻找规则之外的特例，不管是人、事件还是事物，都会降低我们的心智模式在预测他人行为方面的效率。社会心理是一个动态系统，不断成长、修正和变化。我们的态度会随时间而改变（想想几年前你对政治、文化、社会等一系列问题的看法，依然如故还是发生了巨变？），态度评估和行为测量之间的间隔越长，两者可能就越不一致。

拉皮埃尔的研究催生了大量研究态度-行为关系的后续工作，并产生了社会心理学中最具影响力的理论：计划行为理论。根据伊塞克·艾奇森的说法，态度是行为的三个关键预测因素之一，另外两个因素是主观规范和知觉控制。主观规范是指重要他人（家人、老师、老板等）认为你应该做的事情。因此，如果戒烟是一种行为，那么吸烟者的女友希望其戒烟就是主观规范。知觉控制是指你是否真的能执行这个行为（个体感知到的执行
39 某个特定行为的难易程度），例如，吸烟者是否真的认为他能戒烟。这三个因素共同预测行为意向，进而预测行为。



态度研究对预测行为的核心模型进行了完善，发现其他因素在不同的情境中也很重要。例如，过去的行为（例如习惯）会或多或少地影响某一行为的实施（取决于行为是否符合行为意向）。此外，通过鼓励人们制订被称为“实施意向”的具体计划，意向和行为之间的联系得到了加强。实施意向采取以下形式：“当情境[x]出现时，我打算做[y]”，所以意向与特定行为相关联。当相关情境出现时，它会触发“如果-那么”计划。研究证实，实施意向对健康（乳房自我检查）和学业成绩（撰写报告）等许多领域中的目标实现都大有裨益。

## 当行为预测态度时

到目前为止，我们一直假设在事情的发展过程中，态度先于行为。但有时候态度可以在行为实施之后形成或改变，通过自我知觉的“元认知”过程来实现。元认知是指人们对思维的思

考，就像往后退一步，思考“我为什么会这样想/说/做？”。

根据达里尔·贝姆的自我知觉理论，这是态度形成的一种方式——我们退后一步，看看自己过去的行为，然后推断我们的态度。这是一种归因（见第二章），我们将因果关系归因于自己的行为，判断它们是由内部的性格特征（即我们的态度）还是由外部的情境约束（即“随大流”）所驱动的。

例如，如果有人问你是不是环保主义者，你可能会想：“嗯，肯定是的，在家和在学校我都会回收利用废物。”研究发现，当 40
向人们提出强调他们的环保行为（如回收利用）和不环保行为（如用了多少电和暖气）的问题时，他们随后会报告自己是一个“更环保”的人；然而，这种情况只在人们对手头的问题尚未形成强烈态度时才会发生。例如，绿色和平组织的活动人士很可能会报告说，无论你向他们提出什么问题，他们都是环保主义者。



你甚至可以从面部表情反馈中获得自我知觉效应。一项评价一组卡通图案的研究表明，只是被要求用牙齿咬住一支笔（形成微笑的表情）而不是用嘴唇衔住笔（形成皱眉的表情）就会让人更喜欢卡通。这可被看作归因理论的另一个例证（见第二章）。人们将微笑或皱眉的表情错误地归因于他们面前的卡通图片——对他们来说最突出的情境原因。

行为改变态度的另一种方式是通过认知失调。认知失调理论由利昂·费斯汀格在1957年提出，植根于弗洛伊德的观点，即当人们反思与自己所持态度相反的（已经做过的）行为时，会经历心理不适。该理论预测，持有的态度与表达的行为之间的“不协调”将改变态度，使其与行为一致。因为你无法撤销已完成的、发生在过去的行为，改变态度成为解决你的态度和行为之间不舒服的“失调”的唯一方法。社会心理再一次寻求稳定、结构和意义。如果我们不按照自己的态度行事，那么我们对世界的心智模式能预测什么呢？

费斯汀格和詹姆斯·卡尔史密斯在1959年的实验中有力
41 地论证了认知失调。他们让被试执行一项无聊乏味的任务（重复转动一块板上的四十八个木桩一小时），在此之后，要求一半的被试对下一个被试撒谎，告诉他们这项任务有趣且令人愉悦（先前的测试已确认被试确实觉得任务很乏味）。实验结束后，研究人员联系被试，问他们是否真的喜欢这项任务。费斯汀格和卡尔史密斯发现，在基线条件下，被试不出所料地报告说他们并不喜欢。然而，那些被告知要对下一个被试撒谎的被试却表示确实很享受这项任务。换言之，因为被要求撒谎，他们对任务的态度明显改变了。



有趣的是，当被试在说谎前获得奖励（这种情况下是二十美元）时，这种效应就消失了。费斯汀格和卡尔史密斯认为，这是因为人们有正当的理由去撒谎。不过，如果没有奖励（或者奖励太少），他们对所做之事的记忆就会导致不愉快的心理感受，即认知失调。导致失调的事件发生在过去，本身已无法改变，所以要消除这种不舒服的感觉，唯一的方法就是改变唯一可以改变的东西——我们现在的态度。

通过认知失调产生的态度改变与自我知觉理论描述的过程相似，但它有一个重要的差异，即它是在最初持有的态度很强烈（而非微弱）的时候才起作用。这两种理论的运作方式稍有不同，为社会心理理解世界的潜在动机服务。自我知觉理论适用于人们对某一特定话题的态度不确定（即态度微弱）的情况。
因此，人们从自己的行为中推断自己的态度，以此来减少不确定
性，也是构建其周围世界的心智模式的方式。当人们已对某一
特定话题持有强烈的态度，但他们的行为方式却与这种态度相 42
反时，就会出现认知失调。此时态度的改变，是改变其周围世界
的心智模式的一种方式。这点很重要，这样模式才能保持其预
测效用。如果态度不能预测行为，就没有多大用处，而通过认知
失调来改变态度是保持这一关键功能的方式。

## 说　服

目前为止，我们已经了解态度是如何因内在欲望或人们对环境中事件的反应而形成或改变的，但有时其他人也会参与进来，也就是说，有人会试图劝说我们改变态度。



和我们刚才讨论的态度改变相反，说服是由于刻意的外部影响而导致的态度改变。认知失调和自我知觉都是由于内部自我反思而导致的态度改变，而说服则是在和试图改变我们态度的其他人接触之后的态度改变。最著名的说服模型之 当数理查德·派蒂和约翰·卡乔波在1986年提出的精细加工可能性模型。它是一个双重加工模型，就像在第二章讨论过的费斯克和纽伯格提出的印象形成的连续体模型。换句话说，它直接源自社会心理“有动机的战术家”之观点，在这里应用于态度改变。

模型认为，说服有两种加工路线：中心路线和边缘路线。采取中心路线时，我们以系统和分析的方式加工说服性信息（高度“精细加工”），就像朴素科学家在行动。手头问题对我们来说非常重要时，我们可能采取中心路线来加工，仔细研究信息，得

出合乎逻辑、理性的结论，与凯利协变模型概述的归因过程非常
43 相似。相反，如果采取边缘路线，我们就表现得像认知吝啬鬼。所以，我们不是花精力去细察论点，而是被快速简单的线索说服，比如试图说服我们的人有多吸引人等。这是一种启发式的思维方式，就像依赖感知显著性来进行归因一样（见第二章）。

采取哪种路线取决于我们有多少时间和信息，以及有多强的动机。幽默和情绪等外围线索也能决定路线选择。例如，进化心理学家推测，负面情绪表明环境出了问题，使人增强注意力（高度精细加工）以识别任何可能的生存威胁。相比之下，快乐的人倾向于使用边缘路线，他们更容易受到诸如劝说者的吸引力等模糊线索的影响。



另一个因素是涉及的问题。当争议的结果对自己有重要影响，比如他人可能审视你的回答，导致社会认可/不认可，这时就会采取中心路线。个体差异也很重要。认知需求高（喜欢努力思考）的人，如果有可获取的信息，更有可能选择中心路线。同样，自我监控（对他人如何评价自己的关注程度）将吸引人们采取中心路线来加工信息。

最后，语速等因素也有影响。例如，如果试图说服我们的人语速很快，我们就很难加工其所说的内容，就不得不采用边缘路线来加工消息。

重要的是，选择中心路线还是边缘路线并不能决定某人能
44 否被说服。换言之，当人们采取中心路线而非边缘路线时，他们并不会更容易被说服。准确地说，某人能否被说服取决于中心路线或边缘路线的线索是否具有说服力。

所以，快速的言语可能使人采取边缘路线（系统加工所需

要的信息根本无法获得），但劝说者是否有说服力取决于导致外围线索有说服力的因素，比如劝说者的吸引力和信息的可靠度。然而，与通过中心路线形成的态度相比，经由边缘路线形成的态度较弱，对反驳的抵抗力较弱，对行为的预测性较差。

## 社会影响

通过观察目前讨论的研究，有一个重要的发现：在大多数情况下，研究集中在态度形成的情境或内部驱动因素。纯粹接触和联想学习是情境驱动因素（对态度对象的接触量），自我知觉和认知失调是内在的元认知过程（思考个体行为以及行为是否反映个体态度）。最后，说服是因说服性信息而导致的态度改变——某人试图改变我们的态度，体现了对态度的“社会”影响，即态度的改变源自与他人的互动（从广义上讲）。接下来，我们将更为深入地探究这类社会影响。



## 社会规范

虽然说服涉及某人试图改变我们的态度，但有时候态度的改变仅仅是因为有他人在场。社会心理学是研究群体的，早期 45
的一些实验观察了他人如何影响我们内在持有的态度。事实上，有人认为穆扎弗·谢里夫1935年关于规范发展的研究总结了社会心理学的全部内容——他人对我们的态度、价值观和行为会产生巨大影响。

在谢里夫的研究中，被试按要求坐在一间黑屋子里，面前投射着一个光点。谢里夫利用了既定的知觉错觉——“游动效应”，即在没有其他任何参照点（例如，黑屋子里只有一个光点）

时，光点有看起来像在移动的趋势。被试的任务是判断光点来回移动的距离，这样的判断一遍又一遍地重复了很多次。

被试单独完成这项任务时，都对光点在振荡中移动的距离做出了稍有不同的估计（这是错觉的本质，事实上光点根本没有移动）。但是，当有他人在场的情况下完成任务时，不同寻常的事情发生了——被试的判断开始趋于一致。在连续的试验中，被试做出的判断越来越趋向一个共同的标准。

这是社会影响的第一次展示，仔细想想确实很惊人。我们都乐于认为态度是我们自己的，不受周围人（尤其是陌生人）的影响。然而，该实验清楚地表明，被试以为是自己的客观判断，实际上是社会情境的突现属性。被试完全没有意识到环境对他们自认为准确的判断所产生的影响。



谢里夫的经典研究开辟了全新的社会影响研究领域，深刻地说明他人对我们态度的影响力。在说服的情况下，我们通常
46 知道有人在试图改变我们的想法（至少如果我们关注，并通过中心路线加工信息的话是这样的）。但是在这里，被试不知道其他人正在影响他们的判断，这就是为什么社会影响对于理解日常社会认知如此重要的原因。

想想最近一次你和一群人讨论某事的情形，你最终接受了多数人的观点，是因为每个人都在关键事实和信息系统加工的基础上达成了一致吗？还是社会规范的压力让你觉得你正在做出合理的决定，但事实上无形的社会影响正在起作用？

有趣的是，人们对任务的不确定性越高，在群体规范上就越趋向一致。这种趋同可以看作社会心理试图建立其社会环境的心智模式的一个例证。谢里夫实验的被试掌握的（可供参考的）

信息不多，不能系统、理性地加工相关信息，必须寻找线索来做出快速、近似的判断。在第二章中，我们知道了错误共识效应，人们期望他人持有与自己相同的态度，而这里的过程是相反的。被试不确定自己的判断，所以依靠他人的判断作为导向。

但是，当我们对自己做出的判断有把握，坚信自己是正确的，而其他人都是错误的时候，情况又会如何呢？如果没有不确定性，还会有社会影响吗？答案出乎意料是肯定的。

## 从　众

1951年，所罗门·阿希实施了社会心理学的一项经典实验，类似谢里夫的视觉感知实验。他要求被试比较一条“标准线段” 47
与三条“比较线段”，在连续的判断中说出哪条“比较线段”和“标准线段”一样长。为了考察社会影响的效果，还有六名被试在场。这些人和谢里夫研究中的真正被试不同，是实验者的同谋。换句话说，唯一的真实被试并不知道，其他六名被试和实验者是一伙的，在整个实验过程中对事先设计好的脚本做出反应。



实验过程如下。每次测试的时候首先呈现给被试一条“标准线段”，然后呈现“比较线段”（分别标记为A、B和C）（见图3）。围坐在桌旁的所有被试依次说出答案，根据他们认为的三条线段中哪一条与“标准线段”的长度匹配，喊出A、B或C。

五名实验同谋在被试之前喊出答案。有趣的是前两次试验之后，同谋开始给出明显错误的答案。例如，当线段B明显比“标准线段”长约一英寸时，他们会说“线段B”，此时线段A显然是正确答案。而且，并不是只有一个同谋给出错误的答案——所有人都开始这么做。

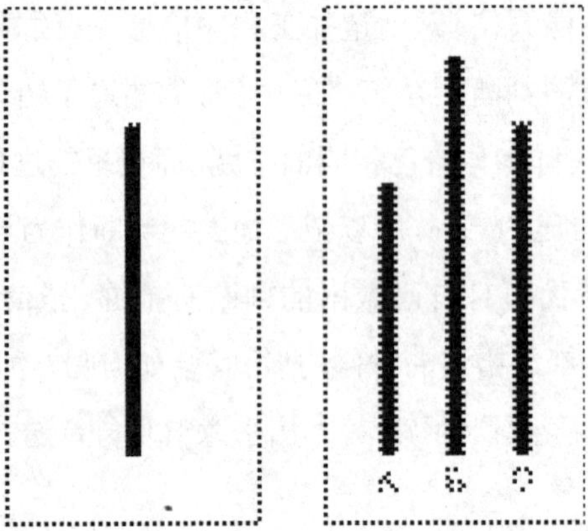

48 图3 阿希从众研究中用到的比较线段



阿希的线段判断实验和谢里夫的光点判断实验有一个关键区别，后者没有明确的答案（事实上，他们感知到的任何光点的运动都是一种错觉），而前者的正确答案是显而易见的，这一点在被试独自完成实验时得到了证实——99%的情况下他们都选择了正确的比较线段。

在这种情况下你会怎么做？是相信你的耳朵（别人给出的极其错误的答案）还是眼睛？结果令人震惊。阿希发现，在37%的判断实验中被试给出了错误的回答。换句话说，当实验同谋给出被试知道是明显错误的答案时，被试无视自己的眼睛所见，也给出了同样错误的答案。事实上，有76%的被试至少在一次判断中遵从了不正确的多数人的观点。

那么人们为什么会从众呢？社会影响有两种类型，一种是信息影响，在之前讨论过的谢里夫光点判断实验中起作用。信息影响是指当你不确定如何回应时，利用他人的态度作为经验法则，是社会心理寻求建立一种情境的心智模式。

但在阿希的实验中却不是这样的——每个被试独自完成任务时都能正确判断，他们显然是知道正确答案的，此时起作用的是另一种社会影响：规范影响，就是想要“融入”群体的愿望。49
当我们在群体中格格不入、不合群，或是突显为与众不同的时候，我们会觉得这样很令人反感。事实上，研究显示这确实很伤人。脑部扫描研究发现，当我们被群体排除在外时，大脑的身体疼痛中心会被激活。

从进化的角度来看，这是很有道理的。对于像人类这样的群居物种来说，群体总是具有适应性的。在我们祖先的世界里，被接纳进“部落”是为了感到安全，远离危险，被排除在外就意味着严重的生存问题（我们将在第六章深入探讨原始、本能的社会排斥的影响）。

后续研究揭示了强化或削弱从众性的各种因素。例如，在场人数越多，规范影响越强。研究表明，当群体规模增加到三人左右的时候，从众行为稳定在37%左右。基于原初实验的后续研究表明，当促进信息影响的条件最大化的时候，从众性增强（例如，需要进行判断时，“标准线段”看不到了，整个任务变得更加不确定）。说明如果你让任务更不确定，信息影响就会起作用，但这种效应独立于规范影响。也就是说，并不是随着信息影响的增加，规范影响就会减少。不确定性不会降低“融入”的愿望，甚至反而会让融入变得更加重要。

这两种类型的影响还可以通过它们对私下态度和公开态度的效应来区分。记住阿希的实验改变的是被试的公开态度——被试并没有真正改变他们对线段长度的信念，他们只是想避免成为局外人。规范影响（当事情是确定和明确的，但存在群体

压力时）改变的是公开态度，而不是私下态度，这种从众被称为
50 “顺从”。信息影响（当任务困难时，可供参照的信息很少，或被
试对自己的态度没有把握时）改变的是公开态度和私下态度，这
被称为“皈依”。

在对阿希原初实验的进一步拓展中，研究者揭示了从众的其他有趣现象。最值得注意的是，打破共识的社会支持显著降低了从众性，即使只有一个实验同谋与被试的观点一致。即使这个实验同谋与被试的观点不一致（也就是说，他仍然给出了错误的答案，只是也偏离了多数人的立场），从众性也会降低。这里重要的是打破社会共识。然而，如果一个同谋起初和被试的意见一致，后来又倒向了多数人的观点，那么从众性仍会处于共识被打破之前通常的水平。社会支持是抵制从众的有力工具，但它所建立的少数派共识是脆弱的（“分而治之”这句老话显然是很有道理的）。



## 众　从

从目前讨论的研究来看，你可能会认为多数人总是能随心所欲，但有时心理过程可以合力引发强大的少数人影响，即众从。塞奇·莫斯科维奇实施了另一项视觉感知实验，旨在调查社会影响，发现这次的影响者是少数人。

在他的研究中，研究人员向被试展示了一系列绿色或蓝色的幻灯片，被试要说出他们认为幻灯片是蓝色还是绿色的。虽然从技术上讲，所有的幻灯片都是蓝色而不是绿色的，但色调深浅确有不同，所以并不容易做出决定。参加实验的有四名真正的被试（多数人）和两名实验同谋（少数人）。莫斯科维奇

发现，真正的被试（多数人群体）在8%的情况下确实改变了他们的回答，以与少数人保持一致——但前提是少数人一贯持有异议。 51

少数人的影响可以用我们在本书中看到的过程的组合来解释。首先，多数人完全知道，少数人会面临规范影响和信息影响的压力，但是他们仍然冒着被排斥、嘲笑的风险（规范影响），并无视跟随多数人一起行动的信息优势（信息影响），和多数人对抗。看到始终如一的少数人喋喋不休地谈论其不同观点时，大多数人会怎么做？这是人们进行归因最好的例子（如第二章所述）。当少数人表达异议时，多数人会进行归因，试图找出少数人这样做的原因。考虑到少数人忽略了情境的影响（多数人），表明是性格归因。



当然，这种性格归因可能因为少数人不过是“古怪”或“疯狂”而已。如果少数人的观点不一致，时而追随多数人的观点时而又不追随，或者只有一个持异议者，他们可能是行为怪异。然而，如果少数人（尽管人数不多）团结一致、始终如一，就会导致自信的性格归因（他们坚持到底的态度暗示着信心）。人们会认为，也许少数人掌握一些内部信息，或是有真知灼见，使其处在相对于多数人的优势地位。简而言之，如果你想改变人们的想法，那么作为一个群体要团结一致、始终如一。

正如我们所见，多数人通常通过规范影响改变其公开态度，而非私下态度，少数人则能激发更精细的信息加工（即精细加工可能性模型所概述的系统或中心路线加工），对手头的问题进行更严谨的审视。这就是为什么鼓励不同意见、“畅所欲言”和多元化被视为群体决策的有益做法。事实上，压制少数群体会导

致“群体迷思”——这种东西会扼杀创造力，导致严重的判断失误。少数人的不同意见引导人们远离启发式思维，鼓励皈依而
52 非简单的顺从。

与之相关的是，研究表明，少数人能够促进发散思维——一种特殊的系统化思维，能激发创造力和创新思维。关键是身边有少数人存在很有用，他们能激发更深入的思考和创造力，让人们考虑多种观点，通常会产生更高质量的决策。例如，研究发现，陪审团需要做出一致性决定（而不仅仅是多数人的决定；所以他们必须辩论，考虑群体中少数人的不同意见），因此花了更多时间，更详细地审查案件证据。即使决定没有因为少数人的观点而改变，少数人的存在也意味着最终的决定是经过更加深思熟虑和慎重的过程做出的。



## 领导力

也许最终的少数人影响是领导力——一种个体改变群体态度、能力和愿望的力量。社会心理学对领导力的早期研究集中在人格因素方面。换句话说，什么样的个人品质能让一个人成为好的领导者。比如，研究发现，领导者具有外向和尽责等品质，而不是神经质。然而，除了这些更普遍的个性特征之外，潜在的领导者也有不同的领导风格。

目前已确定有三种领导风格：专制型、民主型和放任型。专制型领导关注的是创造一个结构化的、基于规则的环境，对发展与团队成员的关系不感兴趣。相反，民主型领导发展了一种公共的关系结构，在该结构中，群体目标是通过讨论和
53 协商来决定的。最后，放任型领导对群体几乎没有指导或民

主参与，而是让成员自己去完成手头任务，只在必要时才介入其中。

研究发现，与其他两种风格相比，民主型领导通常更受下属的欢迎，因为它能培育一种合作、富有成效的文化，重视并激励团队成员做出贡献。相较之下，专制型领导往往营造出一种更具攻击性的负面环境，只有领导者在场执行规则的时候，群体的工作成效才高。放任型领导也不受欢迎，虽然他们能营造积极、轻松的氛围，但由于缺乏群体任务的结构和重点，工作成效不高。民主型领导似乎吸取了两种风格的精华，将专制型领导的任务取向法和放任型领导的社会情感法有机结合在一起。

虽然这三种领导风格的好处显而易见，但研究还发现，不同的情境下，不同类型的领导者也能带来不同的益处。如果领导-成员的关系是积极的，群体任务是明确的，领导的权威是合法的，那么像民主型和放任型这样的社会情感风格似乎才有效。但是，当领导-成员的关系不睦，任务不明确，领导的权威受到质疑时，就更需要任务取向法。

领导-成员交换理论甚至比这更进一步，认为领导者的效率恰恰取决于领导者与下属之间的关系。因此，高质量的关系会带来信任、喜爱和尊重，进而让下属产生内在动机，愿意为领导所支持的群体目标而工作。

根据社会认同理论（我会在第五章详细讨论），良好的关系还可以鼓励下属“去个性化”；也就是说，不再将自己看作个体，而更多地将自己视为群体成员——更容易接受群体目标。同 54
样，去个性化以体现群体核心品质的领导者也会得到积极的评价，因其特征与群体所投射的社会认同非常契合。

## 社会促进

我们已经知道，态度预测行为（在适当的条件下），但有时置身于群体当中会对行为产生直接影响，而这种影响是不受态度调节的。对群体过程的研究是社会心理学的一个领域，它与本章讨论的社会影响研究相交叉，但更侧重群体生产率和绩效。

如第一章所述，有史以来的第一个社会心理学实验调查了社会促进现象。诺曼·特里普利特感兴趣的是，他人在场的情况下，人们做任何事情（做运动、创作音乐或完成工作任务）是否都表现得更好。他让被试（学童）尽可能快地转动渔线轮。在一种情况下，要求孩子们单独完成任务；而在另一种情况下，要求他们成对完成。他发现，孩子们两人一组时转动渔线轮的速度要比单独一人时快得多。

后续研究试图发展理论，为社会促进效应提供解释。一个著名的解释是评价忧虑。评价忧虑与规范影响并没有太大的不同，它是一想到要被一群人评判时产生的焦虑。但是，这里的重点是表现（行为）而非态度表达。评价忧虑会加快生理唤醒（心
55 率、肾上腺素等），从而刺激身体更快地执行简单动作（如大声鼓掌、骑自行车），这提升了人们做出主导（经过良好训练可以习得的）反应的能力。

为支持这一理论，有研究发现，当作为他人在场的观众被蒙上双眼时，促进效应就会消失。然而，这种效应甚至在昆虫等动物身上也能观察到，周围有其他鸡的时候，鸡下的蛋更多。评价忧虑不能解释动物的社会促进效应，它们想必是不会关心给其他动物留下好印象的！因此，一些研究者认为，虽然担心被评判

可能会增加生理唤醒，但有些唤醒的产生仅仅是由于周围有他人在场——这可以解释从人类和动物身上观察到的结果。

生理唤醒也解释了为何有时会出现社会促进效应，而有时会观察到相反的社会抑制效应。研究发现，他人在场时人们完成简单任务的速度会更快，但会抑制复杂任务的完成效率。例如，有他人在场的情况下，人们的鼓掌更有力，但成功完成数学测试的可能性更小。因为简单任务容易完成，也能经过良好训练而习得，我们经常在简单行为而非复杂行为上看到社会促进效应。

专家在复杂任务上表现出社会促进效应，这一观察结果为主导反应的观点提供了强有力的支持。比如，人们发现台球运动员在有观众在场时打得更好，许多运动项目亦是如此（“在比赛当天”表现是最佳的），这是因为对专家来说，即使是复杂的行为在他们的专业领域内也能学得很好。



但是对人类而言，任务难度并不是决定他人在场能否影响
绩效表现的唯一因素。评价单位，即人们是按个体为单位单独 56
评判还是按群体被评价也会产生影响，这种区别是另一经典的社会心理现象——社会懈怠——的核心。

## 社会懈怠

社会懈怠是指，当个人努力被汇聚在一起成为群体产品（每个人的单独贡献不会被识别出来）而不能进行个体评判时，个体表现会下降（而社会促进是在评判群体内的个体表现时发生的），该现象在比伯·拉塔内1979年的经典研究中得到了证实。

在拉塔内的研究中，六名蒙眼的被试戴着耳机坐成一圈，耳

机里播放着喊叫声，他们的任务是尽可能地大声喊叫。实验操作是，被试被告知他们是和另一个人一起喊叫，或是和一群人一起喊叫（事实上，在每种实验情境下，都只有被试自己在喊叫）。拉塔内发现，当被试以为自己和一群人一起喊叫时，他们喊叫的音量会降低（相对于和另一个人一起喊叫时的音量）。这种社会懈怠现象表明，我们的贡献确实常常“被淹没在人群中”。

拉塔内提出，社会懈怠是社会心理学中一种更普遍现象——责任扩散——的结果。责任扩散描述的是，在群体中个人不太可能觉得对结果负有个体化责任（尤其是当他们的贡献很容易“被淹没在人群中”时）。在这里，它解释了当人们在群体中的表现不被单独评价时的群体动态。因为每个人负有更少的个体化责任，也不会被评价，所以想要表现出色的冲动更少
57 （评价忧虑更少）。



责任扩散可能会产生严重的，甚至危及生命的后果。1964年3月，凯蒂·吉诺维斯穿过纽约皇后区邱园步行回家。她遭到一名持刀男子的袭击，一边尖叫求救，一边试图击退他。尽管三十八名当地居民后来承认他们听到了尖叫声，但是没有人出来帮忙，后来凯蒂被捅八刀后死亡。该案激发了社会心理学家的大量研究，以了解人们在紧急情况下什么时候不进行干预和帮助。

拉塔内和约翰·达利进行了一项实验研究，试图模拟这种旁观者冷漠效应所涉及的过程。被试自己来到实验室，或是和其他两名被试一起来到实验室。几分钟后，烟雾开始弥漫整个房间。研究的问题是，被试要等多久才会发出警报？结果表明，人们有时会产生阻碍行为的巨大力量。75%的被试在独处时几

乎立即发出了警报，而当另外两名真正的被试在房间时，只有38%的人采取行动。当一个实验同谋坐在那里，似乎对迅速弥漫的烟雾毫不在意时，只有10%的人采取了行动。

在随后一项研究中，研究人员打算模拟更接近凯蒂·吉诺维斯谋杀案的情况，将紧急事件设定在其他人身上。被试会在他人在场的情况下伸出援手吗？他们设置了一个情境，让被试听到在另一个房间里的一名被试突然癫痫发作（事实上，该被试是同谋，癫痫发作是假的）。当独自一人时，85%的被试会立即发出警报，当还有另外两人在场时，只有64%的人会发出警报，而当他们以为有另外四人在场时，只有31%的人会发出警报。甚至当人们想象有他人在场时，这种责任扩散效应也会发生。 58

这就是社会影响。在下一章里，我将继续讨论什么时候社会影响会变坏——服从如何导致人们犯下可怕的残忍行为，以及社会事件和社会压力如何导致对少数群体的攻击和压迫。 59

第四章

# 服从、压迫与攻击

为什么好人会做坏事？在本章中，我将由从众开始，讨论一种特别有害的社会影响形式：服从权威。我将说明社会权力与情境是如何交互作用，迫使正常人做出极端恶劣之行为的。而后，我会进一步探讨社会压迫的本质。是否存在“偏见”人格？有些人是否只是对少数人有攻击性和不宽容的倾向？要说明的是，尽管有些人比其他人更具偏见，但这并不能解释偏见在现代社会中的广泛性和普遍性。更确切地说，有些心理过程让我们所有人都有产生偏见的可能性。我将展示社会心理学如何帮助我们理解偏见的本质，并为解决这个普遍存在的社会问题提供了新的方法。

## 服　从

第三章讨论了阿希的经典从众研究。我们看到，人们的态度，至少公开表达的态度，是随着规范影响而改变的。换句话说，人们有时会附和某个群体，只是为了避免受到排斥或冷落。

然而，还有另一种更隐匿的社会影响形式揭示了人性最黑暗的 60
一面，即服从权威。根据外显命令（而非群体传播的内隐规范）来行事被认为是从众的极端形式。

斯坦利·米尔格拉姆的服从研究，位于社会心理学最著名的研究之列。研究不仅明显揭示了社会影响的巨大影响力，还提出了心理学实验中的伦理程序问题。这些问题促成了现代的研究伦理政策，规定在实验过程中哪些可以发生在被试身上，哪些不应该发生。

第一章中谈到，为理解第二次世界大战期间暴行所做的努力在很大程度上激发了社会心理学。米尔格拉姆的研究是出于想了解（并帮助预防）这些最有害的人类行为的强烈愿望。他关心的是什么原因促使纳粹士兵在大屠杀期间对犹太人犯下如此暴行，特别是考虑到我们愿意相信人类有高度进化的是非意识，警卫怎么可能服从会导致数百万人痛苦和死亡的命令呢？20世纪60年代，米尔格拉姆在耶鲁大学开展了一系列服从控制实验，试图回答这些问题。



和本书中描述的很多实验一样，米尔格拉姆的研究也包括实验同谋和真正的被试。研究表面上关涉学习，要求一名被试测试另一名被试能否成功地学会成对的单词。另一名被试（“学生”）实际上是实验同谋，按照米尔格拉姆写的脚本来做。

研究是这样进行的。真正的被试（“老师”）坐在一个房间
里，同谋在另一个房间。研究人员要求被试读出一系列成对的 61
单词，看同谋学生能否准确地记住。问答通过对话机进行，每次学生回答错误，老师就按要求对其施加一次电击。电击其实是假的，但被试深信不疑。为了加强欺骗性，同谋学生遵照米尔格

拉姆的脚本，每次受到电击都会尖叫并抗议（被试被告知，随着学生犯错的次数增加，电击的强度也会增加）。此外，同谋学生在实验一开始就说他们有心脏病（当然，他们没有，只是为了增加被试信以为真的电击带来的明显影响和危险）。

脚本对每个测试的被试都一样。在回答正确几对单词后，同谋学生开始犯错，被试按要求对其施加越来越强烈的电击。电击达到150伏电压时，学生开始抗议："实验人员！够了！放我走吧……我的心脏开始不舒服了。我不想做了！"在180伏电压下，学生大喊再也无法忍受这种痛苦了。到300伏电压时，他陷入沉默，伴随着连续的电击只能发出痛苦的尖叫。从330伏电压开始，就再也没有声音了。



实验开始前，研究人员预计大多数人对一个明显很痛苦的人实施电击时，自己会感到不舒服。米尔格拉姆想知道，如果一个权威人物不断命令被试继续实施电击会发生什么。所以，无论被试提出什么抗议，米尔格拉姆只是用"请继续"之类的短语，或是重申"将没有回答视为错误"来命令被试继续给学生实
62 施电击。

现在把你自己置于这种情境下，你会怎么做？大多数人都愿意相信自己有很好的是非意识，无论谁发号施令，都会坚决抵制。别忘了，就被试而言，学生有心脏病，继续电击这个可怜的人，他很可能因此丧命！

在此之前，米尔格拉姆进行了一项调查，了解人们会在多大程度上服从这项研究中的权威人物，以获得基线信念。他询问了在校大学生、中产阶级成年人和精神科室医生，不出所料，多数受访者认为，在学生提出第一次抗议后，被试会拒绝继续。精

神科医生预测，只有0.1%的被试会完全听从米尔格拉姆的命令，实施最强电击，标记为450伏：“XXX——危险，强电击！”（见图4）。

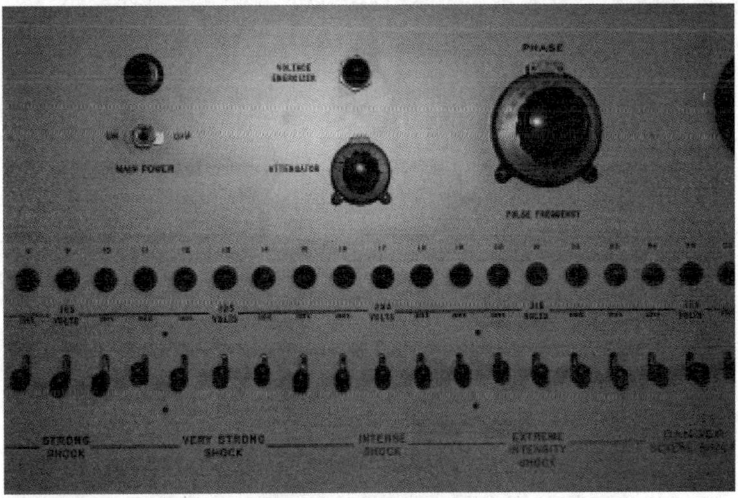


图4 “XXX——危险，强电击！”米尔格拉姆的电击箱

结果大家都错了。尽管预测86%的被试在达到210伏电压时会拒绝指令，但事实上没有一个人这样做；到315伏电压时（学生开始尖叫），大家预测96%的被试会拒绝指令，但只有22.5%的人真正这样做。65%的人服从了米尔格拉姆的指令，直至实施“危险，强电击”的最高伏电压。

为什么人们会一直服从呢？比伯·拉塔内认为，这一切都与社会影响有关。依据他的理论，社会影响取决于三个关键因素：数量（影响源的数目）、强度（影响源的地位、权力、专业知识等）和直接性（影响源在时间和空间上的接近性），每个因素都可以增强社会影响。以拉塔内在黑暗的房间里逐渐添加灯泡作类比。在数量方面，灯泡数越多，房间就越亮。在强度方面，灯泡的瓦数越高，房间就越亮。最后是直接性：你把灯移向墙壁越近，灯就越亮。

社会影响理论为预测服从效应提供了框架。在米尔格拉姆的研究中，影响源，即施加影响的人显然是一位受人尊敬的科学家（穿着白色的实验服，举止严肃），而且研究是在一个备受尊敬的机构——耶鲁大学——里进行的。还记得第二章里的津巴多监狱实验吗？实验中随机分配的被试很快沉浸在狱警和囚犯的角色中。这是相似的：分配给下达指令者的感知社会角色，赋予其巨大的社会影响强度，使他们在发布指令时能产生更大的社会影响，即使发布指令的只有一个人（社会影响源并不多），也能产生影响。米尔格拉姆下达指令时和被试同处一室，说明有很强的直接性，进一步增加了社会影响。相应地，后来的研究发现，当米尔格拉姆在另一个房间通过对讲机发号施令时，服从率会显著降低（降至40%）。



值得注意的是，当学生成对而非单独参加实验时，服从行为
64 也会降低，也就是说，被试能获得社会支持。还记得第三章阿希的从众研究吗？有明显的社会支持时，从众性会下降。这里也一样：社会影响的数量是相对的，这意味着社会支持可以显著降低服从行为。

## 低人性化

社会影响理论描述了权威人物施加社会影响的条件，却没有解释所涉及的心理过程。换句话说，人们的头脑中到底发生了什么，使他们能够遵从与道德和伦理准则根本相冲突的命

令？低人性化的研究表明，人们可能会为自己的这种行为辩护。

情绪可分为两种类型：主要情绪和次要情绪。主要情绪为人类和动物所共有，例如喜悦、惊讶、恐惧、悲伤。次要情绪更加复杂，是人类独有的，因此被用来区分人类和动物，例如钦佩、希望、愤慨、忧郁。低人性化指的是一种倾向，即把人类特有的次要情绪更多地归于自己或自己所在的群体，而非他人或其他群体。因此，低人性化描述了将他人去人性化的过程。

理解低人性化是很重要的，因为它可以用来证明以可怕的方式对待特定社会群体的成员是正当的。这是因为，如果认定一群人“不如人类”，那么就更容易辩称，他们不应该享有与其他人同等的权利。越来越多的证据表明，对某些少数族裔实行种种不人道的做法，以及去人性化过程，是如何为这些令人发指的歧视形式辩护的。 65

2007年，艾米·卡迪及其同事的研究证明了低人性化在理解人们对美国一起灾难事件的反应时的重要性。2005年8月，卡特里娜飓风袭击了新奥尔良，洪水淹没了该市80%的地区，造成至少一千八百人死亡，约六万居民无家可归。灾难发生两周后，研究人员向白人、黑人和拉丁裔美国人展示了一则虚构的新闻故事，故事讲述的是一位母亲在飓风中失去了孩子。被试随后被问及他们认为母亲会有什么情绪，以及他们是否打算参加卡特里娜飓风的志愿救灾工作。卡迪和同事发现，白人被试认为，与被认定为黑人的母亲相比，被认定是白人的母亲会经历更多的次要情绪。换句话说，他们在种族的基础上进行了低人性化。此外，没有低人性化的被试更有可能表示打算参加志愿救灾工作。

其他使用脑部扫描技术的研究发现，低人性化与大脑特定区域的激活有关。在描述被高度污名化的群体（如吸毒者和无家可归者）时，如果没有提及次要情绪，那么内侧前额叶皮层的活动会减少，而该区域与高级社会认知有关。事实上，除了被污名化的少数群体外，其他社会群体都会让内侧前额叶皮层激活“点亮”。相反，少数群体激活了脑岛和杏仁核，这两个区域通常会在某人感到厌恶时被激活。这一生物学机制解释了低人性化是如何运作的，以及人们是如何为对少数群体的偏见和不宽容辩护的。低人性化实际上会导致某些脑区的激活程度降低，这些区域通常和识别他人、与他人互动以及将人类与非生命物体
66 区分开来密切相关。

## 权威主义人格



米尔格拉姆的研究表明，好人会因为强大的他人施加的社会影响而被迫做坏事。低人性化的研究进一步解释了人们如何为自己的不道德行为辩护。但是下达命令的人呢？我们能否把偏见和不宽容归咎于一小部分持有极端观点和意识形态，反过来又善于影响他人的人呢？

早期的社会心理学理论试图理解像大屠杀这样的可怕事件是如何发生的，这些早期理论关注的是那些可能持有极端偏见观点的人，他们在表达中寻求权力并影响他人。这些人格理论中最著名的或许是阿多诺的权威主义人格概念。

阿多诺的工作动机是希望理解（并帮助预防）第二次世界大战的暴行。尽管阿多诺和米尔格拉姆的目标相同，但是研究方法却不同。米尔格拉姆认为，人们之所以服从不道德的命令，是环境中一系列特定因素导致的结果（例如无条件尊重等级制

度的文化规范)。相比之下，阿多诺认为，这种仇恨只存在于极少数人之中，而这些“独裁主义者”之所以成为这样的人，是因为他们的养育方式。和本书中描述的其他几个理论一样(如第三章中的认知失调)，人格理论也深受弗洛伊德的影响。

该理论认为，孩子在过于严格的方式下养育长大，会对权威产生一种压抑的仇恨。与弗洛伊德的压抑原则相一致，因为这种仇恨不能指向父母(害怕惩罚)，就转向较弱的目标。这种被 67
压抑的仇恨会持续到以后的生活中，表现为对移民等少数群体的偏见，因为这些群体是较弱的社会目标，在他们身上更容易释放对(父母)权威人物的挫折感和仇恨。与此同时，由于个人已经学会隐藏自己的真实感受，他们最终会对权威、规则和等级表现出过度恭顺的态度。



尽管阿多诺的理论充满智慧，但最终并没有获得经验证据的支持，尤其是它不能解释偏见的情境、文化或历史差异。比如，一些研究发现，尽管60%的弗吉尼亚矿工在地上遵循种族隔离，但他们在地下是相互融入的。换句话说，在矿井里，白人和黑人同事相处得很好，表现出令人难以置信的友情，但一旦走出矿井，进入种族偏见盛行的更广泛的社会，他们实际上会忽视彼此。如果存在偏见人格这样的东西，这就意味着对群体和少数群体的思考方式是不变的，但这里有因为情境而导致的明显的行为节制。当时的其他研究发现，黑人人口比例较高的美国南部各州反黑人态度更强烈，但在权威主义方面的得分与黑人人口比例较低的州相似。各州偏见文化的这种差异意味着，一份简单的人格量表不足以捕捉偏见的真实本质。最后，人格理论也无法解释纵观历史观察到的全国范围内的偏见升级现象，比如20世纪30年代德国反犹主义浪潮的兴起。

虽然个体差异不能解释社会层面上的偏见，但显然有些人比其他人更有偏见，这一理论对发展社会和政治科学中的人格
68 理论很有价值。当代的一个例子是吉姆·西达尼乌斯提出的人格理论——社会支配取向。该理论认为，我们的社会在一定程度上是由隐性意识形态定义的，这些意识形态要么促进要么削弱地位等级，而人们接受或拒绝这些观念的程度是不同的。

根据西达尼乌斯及其同事的说法，社会支配取向高的人强烈支持社会等级制度，他们的行为方式旨在保持和维护这个等级制度。例如，在美国、加拿大、墨西哥、以色列和新西兰等国家的样本中发现，社会支配取向可以预测针对不同少数群体的性别歧视、民族主义和种族偏见。也有证据表明，社会支配取向高的人支持暂停公民自由，反对移民和同性恋权利。即使在控制了自尊、结构需求、神经质、精神质、传统主义和一些人口统计学因素等其他广泛的个体差异因素后，这些影响仍然存在。



毫无疑问，有些人具有偏见人格，但从根本上说，这在解释现代社会偏见的普遍性方面是有限的，因为人格理论无法解释环境对偏见的影响，也无法解释历史和时间维度上所看到的文化范围内的快速变化。然而，有研究发现了助长不宽容、偏见和低人性化的更普遍的社会心理机制。这些模型没有关注可能预测偏见的人格因素，而是识别可能引发攻击性态度和行为的社会与文化条件。

## 宣　泄

根据宣泄的理论模型，每个人都能做出攻击性行为。挫折

不断累积，压力过大时，需要一个出口，攻击性就是挫折的释放。 69
和权威主义人格一样，该观点的核心是弗洛伊德的精神分析原则。最著名的宣泄方法是挫折-攻击假说。该假说认为，挫折感被发泄在少数目标人群身上，他们被视作替罪羊，为挫折感提供了一个容易的发泄途径。

挫折-攻击假说的档案证据来自霍夫兰德和西尔斯的一项研究。他们发现，19世纪末棉花价格下跌，对美国黑人滥用私刑的现象也增加了。棉花价格低意味着经济萧条，导致了挫折感，挫折感进而导致了攻击。今天，从经济困难和要求收紧移民政策之间的明显联系，以及社会与经济剥夺和世界各地的一系列冲突（如1999年至2001年前南斯拉夫战争）之间的联系中，也能观察到这种关系。



虽然挫折可能是攻击与压迫的原因，但其他社会心理学理论也强调了替代性过程。例如，伯科维茨的兴奋迁移模型提出了认知启动过程（见第二章）。所以，你可能因为工作上的争吵而感到沮丧和愤怒，然后回到家，当伴侣问你今天过得怎么样时，你就对他/她厉声斥责，这可以用转移的挫折感来解释。但也可能是你在工作中感受到的愤怒“启动”了一种更普遍的愤怒状态，进而影响了你和伴侣的互动。同样，兴奋迁移也可以解释为什么经济困难时期反移民情绪会上升，为弗洛伊德式的宣泄提供了另一种解释。

## 错觉相关

兴奋迁移模型借鉴的是认知理论，而非精神分析理论。认 70
知方法也为不宽容和压迫提供了进一步的解释。具体来说，由于社会心理倾向于走认知捷径，少数群体可能成为替罪羊。错觉相关是认为两个变量相互关联，但实际上两者之间很少或根本没有关联。这是社会心理试图构建关于世界如何运行的预测心智模式的另一种表现。

在他们的经典实验中，汉密尔顿和吉福德要求被试阅读来自两个虚构群体的信息：A组和B组。A组代表多数人，B组代表少数人。一个关键假设是，多数人接触到的“行为数据点”是少数人的两倍，因此为了模拟这种情况，我们提供了两倍于B组的行为来描述A组。重要的是，虽然少数群体B的行为是多数群体A的一半，但每个群体的消极行为也只有积极行为的一半，这意味着关于两组积极行为的信息是消极行为的两倍。换句话说，群体认同与正面信息和负面信息的比例之间没有实际的相关性。



汉密尔顿和吉福德发现，在接触这些信息后，当随后被要求回忆两组人的行为时，被试回忆起的B组的消极行为比A组的要多得多。也就是说，被试认为少数群体和消极行为之间存在着一种“错觉”相关。

这种错觉相关可以用一种叫作代表性启发式的特殊认知捷径来解释。利用共同发生的事情是相互关联的（即相互预测）
71 这一基本信念，人们假设少数群体会有更多的消极行为。少数群体很小，消极行为不频繁；因此，少数群体也一定是消极的。

错觉相关的现象在媒体上很明显，比如存在于穆斯林和恐怖主义之间，或是美国黑人与枪支犯罪之间。然而，错觉相关不能解释在没有多数人的情况下，负面的刻板印象（例如性别刻板印象）是如何形成的。这就是学习理论的用武之地了。

## 联想学习

我们在第三章看到，人们很容易学会将积极情绪、消极情绪与民族群体联系起来。同样的过程也可以解释，在童年时期听到对少数群体的负面讨论会导致刻板印象的代际传递。如果一个人经常从父母、朋友或者电视上听到负面特征和预期与特定的类别标签（可以是男性、女性、黑人、穆斯林、波兰人，甚全像“移民”或“寻求庇护者”这样的通用词）成对出现，那么就会形成联想，这实际上和高度适应性机制如何帮助我们学习任何其他关联（比如骑自行车所需要的运动模式）是一样的。这个过度运用适应性机制的案例，导致了一个有争议性的社会议题。

如果这些学习原则适用的话，在面对内群体（自己群体）的人名时，我们应该会自动产生更多的积极联想，面对少数群体或污名化群体的人名时则会自动产生更多的消极联想。内隐联想测试是最常用的联想态度测量方法，其任务是确认被试将积极或消极词汇与内群体或外群体的人名或人脸归类的速度。它通常揭示出内群体偏爱偏差。具体来说，人们更容易将自己的群 72
体（与其他群体相比）和积极词汇联系起来，而将其他群体（与自己的群体相比）和消极词汇联系起来。

内隐联想测试已经确认了基于性别、种族和宗教的内群体偏爱偏差，并发现测试的分数可以预测在诽谤、身体伤害和建议削减犹太人、亚洲人和黑人学生组织预算方面的种族歧视。研究甚至发现，这种效应也存在于最基本的人类语言形式当中。和“他们”（主格）、“他们”（宾格）或“他们的”等词（泛指外群体的指示词）相比，“我们”（主格）、“我们”（宾格）或

“我们的”这些指代内群体的通用指示语，会促进对积极词汇的后续反应时间（即在自己的群体与积极词汇相匹配时反应更快，反应时间更短）。

## 系统正当性理论

除了影响人们对少数群体的态度之外，社会心理还驱动着关于世界如何运行的预测模式的建立，模式一旦建立，就可以维持对少数群体的歧视。约翰·约斯特的系统正当性理论认为，社会心理追求秩序和稳定的倾向表现为一种强烈的维护现状并为之辩护的心理动机，这种倾向迫使人们支持社会支配取向等意识形态。特别是在社会地位等级体系中处于高位的群体将被迫去维持现状并为之辩护，这体现在不愿意改变现有政治制度，或者使用“互补刻板印象”（例如，通过将家庭主妇的地位提升到高于女性商业领袖的地位来为性别不平等辩护）。



该理论一个有趣的隐含义是，有时即便是弱势群体也会积极地维持现状——宁愿维持自己在地位等级中处于不利但稳定的地位，也不去发起会给系统带来不确定性的社会变革。理论有助于解释为什么社会变革有时见效缓慢，或者为什么难以采
73 取集体行动来应对不平等和不公正。

系统正当性理论得到了越来越多的证据支持。例如，研究表明，从当前的政治权力、公共资助优先级和性别不平等的角度来看，人们倾向于认为现状更可取。当系统正当性动机发挥作用时，人们往往会更强烈地认识到族群之间的差异，更把少数族裔当作替罪羊，支持对公民自由实行更大的限制（身份证、不经审判的监禁），更支持强有力的移民政策和反恐法律。

## 恐惧管理理论

恐惧管理理论概述了另一种迫使人们支持压迫和不平等的驱动力。该理论的基本观点是，和所有动物一样，人类有很强的生存本能。但不同的是，我们能意识到总有一天会走向死亡——一想到我们终究会死亡这个事实就让我们感到恐惧，把它看作对社会心理渴望寻找世界意义和结构的巨大威胁。根据该理论，意识到我们终将死去，不复存在，回归虚无，造成了一种存在的恐惧，威胁着我们生存的意义。

该理论认为，采用一种文化意识形态（即一套价值观，例如宗教信仰和社会规范）为我们的社会世界提供了结构感和意义感，使我们能够保持生活是有意义的这样一种信念。成为一种有信仰、价值观和法律的文化的一部分，有效缓解了我们对死亡的恐惧，给了我们在自己死后“继续生存”的能力（通过可感知的生活方式的连续性）。系统正当性理论可被看作社会心理在此时此刻渴望稳定和结构的表现，而恐惧管理理论可以被视为这种驱动力跨越时间的表现，甚至在我们死后也能延伸。 74

所以文化世界观很重要，无论是字面上对来世的信仰，还是象征意义上持久的文化成就，都能让我们超越死亡。如果信仰文化连续性可以保护人们免受存在的恐惧，那么提醒人们人终有一死会增加他们认可和支持这种世界观的需要，从而努力保护这种世界观不受侵犯。这可能会导致为了保护自己的文化世界观而支持对其他群体和文化进行极端攻击。因此，恐惧管理理论与理解为什么人们有时会采取极端行动来保护自己的世界观（如恐怖主义行为）有着明确的关联。

## 恐怖主义

在压迫、不平等和相对剥夺中挣扎的社会，往往会成为恐怖主义的牺牲品。社会心理学可以提供某些洞见，以了解个体是如何被引导着一步步经历不同的阶段并最终犯下残忍的暴力行为的。穆加达姆提出了“恐怖主义阶梯”模型，这是一个隐喻，勾勒出一个人在激进化过程中逐渐穿过的五层“阶梯”。

底层是对社会特权阶层所传播的相对剥夺、不平等、贫困和不公的感知。这些条件为进入第一层奠定了基础，即个体试图使用合法渠道实现社会变革（如抗议、向政府呼吁）。如果个体对改变现状的尝试感到沮丧，这将通过宣泄导致一种替代性攻击，他人被指责为沮丧的根源，这是第二层。在第三层，个体被招募进恐怖组织，接受了另一种道德准则，开始认为主流社会
75 是不道德的。在第四层，个体被鼓励去从事低人性化活动，逐渐将主流社会的成员都视作不如人类。这使其能够进入第五层，在该阶段，由于平民百姓被看成非人类的，道德和伦理规则被中止，恐怖主义行动得以实施（见图5）。

阶梯式的隐喻表明，恐怖主义行为的根源在于社会不平等、剥夺，以及社会心理随后参与处理由此引起的社会、认知和存在的不协调的心理过程。由于缺乏改变体制的能力而产生的挫折感最终导致了恐怖主义行为，但这种循环是自我延续的。恐怖主义行为正是导致人们支持现状的系统威胁，因为从定义上看，它暗示了个体所处的文化、社会和政治的体系（以及延伸到心理的社会世界）是不稳定的、不安全的、不可预测的。这样，恐怖主义行为就威胁到了社会心理对建立可预测性和稳

图5 激进化进程最终导致恐怖主义行为 76

定性的需求，从而使现状变得更加难以改变，使新的个体又走上激进化的道路。

那么如何打破这个循环呢？社会心理学家认为，为了解决本章所描述的问题，我们最终需要进行分析，将社会中不同群体之间的关系考虑在内。第五章将探讨群际关系理论，这些理论涵盖个体、内群体和外群体之间的感知关系，由此提供了一系列预防偏见、促进更积极群际关系的心理学方法。 77

第五章

# 群际关系

到目前为止所研究的社会心理学，帮助我们理解了为什么偏见、刻板印象和社会排斥仍然是我们的世界里普遍存在的问题。像启发式这样的认知偏差会导致错觉相关，所以少数群体（如穆斯林或移民）似乎与恐怖主义和经济衰退等坏事的发生有关。我们已经看到挫折如何转变为需要释放的攻击性，少数群体如何成为宣泄过程的“简单选择”。我们也看到少数人是如何具有偏见人格，如何通过社会影响迫使他人遵从他们的世界观，或者如果他们处于领导地位，甚至迫使他人服从不道德和错误的命令。

所有这些心理过程都会导致不平等、不宽容和排斥；然而，它们只讲述了故事的一半。为了充分理解社会冲突的动态，我们不仅需要考虑个体对其他群体的看法，还需要考虑他们对内群体与外群体之间关系的看法，即采取所谓的群际视角。认识到个体自我范畴化（自我归类）为特定群体的成员，并采取
78 一种“群际心态”（即从群际竞争的角度，而非个人的角度去

思考），对我们理解群际关系具有深刻的启示。这些启示首先是由穆扎弗·谢里夫在社会心理学的一个关键研究项目中发现的。

## 夏令营研究

除了社会影响方面的开创性工作（见第三章），谢里夫还开展了一些经典研究，为接下来六十年的群际冲突研究奠定了基础。这次谢里夫没有着眼于社会影响研究的主要内容——群内过程，而是将注意力转向了群际过程。群际过程关注的是内群体和外群体之间的比较如何影响态度和行为，特别是在偏见、不宽容和冲突方面。



谢里夫提出，群际敌意的核心是“现实的”利益冲突。换言之，他认为冲突是相当理性的，是作为一个朴素科学家思考的结果。根据他的现实群体冲突理论，偏见和敌意的根源在于对稀缺资源的竞争：资源越稀缺，敌意和冲突就越大。

从表面上看，这似乎是合理的。群体之间的利益冲突比比皆是（例如前南斯拉夫、北爱尔兰和中东），在所有这些情况下，冲突都（或至少部分）围绕着对土地或石油等资源的争夺。它也可以解释反移民情绪，以及这种情绪在经济衰退时期是如何增长的（即工作岗位的匮乏可能预示着资源稀缺）。

为验证该理论，谢里夫设计了一系列准实验纵向研究，20世纪50年代在俄克拉何马州的罗伯斯山洞州立公园内进行。谢里夫利用了一群11—12岁的男孩每年夏天都会去露营几周，参加 79
划独木舟、爬山及其他竞技运动这一北美传统。他意识到，这个长期存在的传统可以为全程观察从群体成立到解散的群际行为提供理想的环境。这样，他可以避免研究既定社会群体所带来的干扰影响，例如政治、经济和历史因素的介入，会使起作用的心理过程变得模糊不清。这是测试竞争如何影响群际冲突完美的“培养皿”。

这项研究包括三个阶段。在第一阶段，男孩们刚到营地，对彼此还一无所知，就被完全随机地分成两组，并且在夏令营的两周时间里，这种分组方式保持不变（营地以团队竞争为基础，任意分组完全符合研究人员的兴趣）。分组刚完成，谢里夫就在两组之间观察到了自发的竞争建议和社会比较，群体图标也随之产生。也就是说，男孩们一分成两组而被赋予不同的群体标签后，他们就提议要彼此竞争。他们开始互相奚落（比如“你们组烂透了！”）。一组自称“响尾蛇”队，另一组自称“老鹰”队（见图6）。有趣的是，在很短的时间内，两组就制作出一些代表各组的动物图标，并将图标旗悬挂在他们（单独的）宿舍房上面（每组都有独立的居住区）。这表明“社会”认同开始有了初步的发展。



观察到群体划分的直接影响后，谢里夫在第二阶段引入了他认为可能导致群际冲突的关键因素：竞争。他再次利用了夏
80 令营的典型元素：群体之间的竞争性游戏。所涉及的资源是奖章和折叠刀等珍贵的奖品。包括棒球比赛和拔河在内的游戏让两组之间的关系陡然紧张，最终两组甚至相互攻击对方的图标。有天晚上，一组竟然烧毁了另一组的图标旗，洗劫了他们的宿舍！群体间的环境似乎已经开始支配男孩们的行为，以至于人际关系的思考几乎完全被抑制。在这个阶段，93%的男孩们的友谊都建立在群体内部。

图6 在谢里夫的夏令营研究中,男孩们分组后产生了自发的竞争建议

在第三阶段,谢里夫想知道引入合作目标能否减少冲突。研究人员故意安排男孩们乘坐的巴士在早上活动结束返回的路上抛了锚。之所以这样安排,是因为只有两组通力合作,才能使他们的车子再次发动起来(并及时赶回营地吃午饭)。观察发现,两组之间的合作确实减少了相互之间的冲突。 81

谢里夫的夏令营研究影响巨大。这是第一次有人系统地研究群体竞争的行为后果。重要的是,研究表明,人格差异不是群际冲突的必要条件,而竞争可能是一个充分条件。这项工作将研究从个体焦点或人际框架转移到群际视角。

那么,这是否意味着所有的冲突都源自对资源的竞争呢?在谢里夫的研究里,对另一组的自发贬损发生在第一阶段,此时男孩们刚被划分成两组。这表明,仅仅分类——仅仅意识到群体差异——就可能足以激发群际冲突。若干年后,仅仅是分类或范畴化就会导致冲突的观点在实验中得到证实，该实验成为社会心理学史上最具影响力的实验之一。

## 最简群体范式

20世纪70年代，英国布里斯托的一位社会心理学家亨利·泰弗尔对理解冲突的起源颇感兴趣。作为第二次世界大战期间的一名战俘，泰弗尔目睹了社会范畴为恐怖暴行提供基础的可能性。他想了解简单的社会标签是如何导致这些暴行的，这促使他发展了社会心理学领域中最重要、最具影响力的社会范畴化研究。



泰弗尔开发了一种被称为最简群体范式（MGP）的实验技术，创建了临时的（或“最简的”）分类基础，包括对所涉群体
82 的差别待遇措施和评估措施。在泰弗尔最初的实验中，被试是学校中的孩子，他们被随机分成两组（和谢里夫的夏令营研究相似）。研究人员让他们看了两名抽象画家保罗·克利和瓦西里·康定斯基的画作图片，然后要求他们记录对每幅画的喜爱程度，假装根据这些偏好将被试分配到两个最小组——“克利”组和“康定斯基”组。然而，这种反馈是由研究者设计的，并且分组实际上是完全随机的。

在实验的下一阶段，被试使用分配矩阵给自己组（内群体）和其他组（外群体）成员分配点数，他们可以自由采用自己希望的任何分配标准。点数通过系列决策矩阵来分配，在矩阵的每一列中，被试通过叉号来表示内群体成员和外群体成员应该得到多少。

对于最简群体范式的行为解释，还有另外两个关键标准。一是群内人员的个人身份是未知的，仅通过个人代码和群体成

员身份进行识别；在决策矩阵中，个体之间的唯一区别是随机代码（如个人数字代码："419"）和他们的群体成员身份（比如是"克利"组的还是"康定斯基"组的）。这意味着做出差异性分配唯一可能依据的就是群体成员身份，因为个人的历史、态度或印象根本无从得知。

二是被试不能给自己分配点数。这意味着被试不会从点数分配中获得个人利益，因此不存在资源竞争，内群分配和自身利益之间没有联系。换句话说，观察到的任何差异性分配都说明，除了谢里夫的"理性"经济解释之外，还存在其他的原因。 83

泰弗尔和同事观察到了被试的持续性倾向，他们给自己组的人分配的点数比给其他组的人分配的要多。因此，仅仅进行范畴化就足以引发群际偏见，想想这意味着什么。泰弗尔在这里发现了一种倾向，即使在群体身份毫无意义的情况下，即使过去和其他群体之间没有互动，没有冲突的历史，也没有一丁点儿的自身利益，人们也更倾向于支持自己的群体。



最简群体范式的独特之处在于，群体确实代表了社会范畴化的最基本形式。与由国籍、宗教或年龄定义的真实社会群体不同，这些群体没有经济失衡、政治动机或过往的互动。该发现表明，如果剔除所有可能加剧群际冲突的经济、政治和历史因素，群际冲突的基础是一个心理核心，一种偏爱"我们"而非"他们"的持续性倾向。

泰弗尔的初始研究虽然具有开创性，但并不完全是最简的。批评者认为，解释偏见的不仅仅是范畴化，还包括对信念相似性的推断。换句话说，被试可以推断，和他们在同一组的人也喜欢相同的抽象派画作，这可以概括为其他人格特征。简而言之，他们可能已经推断出，那些和他们一样喜欢抽象画的人可能在其他方面与他们相似，因此可能是他们喜欢的人。

为了解决这个问题，毕利希和泰弗尔进行了一项“超最简”群体研究。这次，他们将最初基于“对绘画喜爱”的最简群体范式分类与基于简单掷硬币的分类进行了比较。如果纯粹范畴化效应真的存在，那么即使在掷硬币的情况下也应该存在偏好。
84 事实正是如此。信仰相似性确实增加了偏见，说明和竞争一样，这是一个加剧性因素。然而，在掷硬币的情况下偏好仍然存在，支持了纯粹范畴化是群际偏见的核心这一论断。

## 纯粹范畴化效应



采用不同的人群分类方法与评价措施开展研究，都发现存在纯粹范畴化效应。这一发现很重要，说明除了经济、政治或历史因素外，偏见还有一个心理核心。然而，如果存在一个心理过程，为使用社会范畴化作为偏见和不宽容提供基础，那它会是什么呢？

泰弗尔最初的最简群体范式研究提供了线索。这些研究有趣的地方在于，被试得到不同版本的“矩阵”用来奖励点数。矩阵由一列列组成，被试可以给内群体和外群体的成员分配不同的点数。重要的是，被试只能选择一个方格，这意味着他们给两个群体的点数不是独立的；相对的点数数量是固定的，取决于选择哪个格子。之所以这么做，是因为他不仅可以研究给予内群体和外群体的点数总和，还可以测试被试使用了哪些分配策略。

为了说明这一点，我们假设格子1包含分配给内群体成员的25点和给外群体成员的21点；格子2包含给内群体成员的7

点和给外群体成员的1点。如果被试选择格子1（25/21）而非格子2（7/1），证明运用了最大化内群体利益策略，因为被试选择的是给内群体点数最高的格子。 85

这很简单，但被试也可以选择格子2（7/1），说明他们对最大化利益不感兴趣，而是关心通过点数的分配最大化内外群体之间的差异。这是因为虽然格子1会给内群体25点，但也会给外群体21点，内群体只比外群体多4点。相反，选择格子2会牺牲内群体的最大利益（即格子1本可以为内群体提供25点，格子2只能提供7点）。但关键是，选择格子2会在内外群体之间产生更大的差异（7−1＝6）。

果然，泰弗尔发现被试普遍倾向于选择格子2而非格子1，采取的是最大化（内外群体）差异策略。换言之，对参与泰弗尔研究的人来说，内群体拥有的点数比外群体多比本身拥有的点数多更为重要。这一发现揭示了社会环境在塑造人们行为方面的真正力量。我们不只是想要资源，我们想要与众不同，即使这意味着牺牲整体收益。



最大化差异可以用范畴分化模型来解释。该模型认为，我们倾向于将同范畴内的所有人都看作彼此相似。相应地，我们也自然倾向于认为，不同范畴的所有人都和我们迥异。这样做的好处是让事情变得简单，以便更有效地处理直接环境中有关人的信息，从而更容易、更省力地做出判断。这种内隐动机可以解释纯粹范畴化效应。具体来说，人们渴望创造简单而独特的个人社会环境的表征形式。然而，在最简群体范式下，群体之间彼此相似，他们唯一能做的就是给一个群体而不是给另一个群 86
体分配更多的点数，以此突显两个范畴成员之间的差异，创建明确的两类系统。

范畴分化可以被看作社会心理再次试图将秩序、结构和意义强加于社会环境。这正是最简群体范式中范畴分化的要点：它使被试能够处理不确定的情况。被试牺牲自己的利益，只是为了让他们的群体看起来与对立的群体更加不同，这样做满足了他们让世界尽可能简单和容易预测的动机。

范畴分化阐明和定义了社会情境，提供了预测外群体行为的方法，以及指导感知者的规定性内群体规范。因此，群体成员会积极地去维护范畴分化所提供的确定性和明确性（或是在确定性和明确性受到威胁时积极地去减少不确定性）。与该观点一致，许多研究表明，对范畴“系统”的威胁会导致消极的，有时甚至是攻击性的反应（参见第四章对系统正当性理论的讨论）。例如，我自己的一些研究比较了被试和实验组的回答，要求前者简单地评价英国和法国，后者阅读一段主张将成员国解散为“欧洲合众国”的段落。研究发现，在后一种情况下偏见最高，尤其是对那些把英国人身份看作自己身份重要组成部分的被试来说。



虽然范畴分化机制解释了人们希望自己的群体与众不同和差异化的原因，但在最简群体范式中观察到的一种趋势很难解释。如果对群体来说，最重要的是独特性，那么为什么不通过给其他群体更多的点数来达到这一目的呢？在最简群体范式中，发现了内群体偏好的差异性（即选择的格子是给内群体7点、外
87 群体1点，而不是给内群体1点、外群体7点）。范畴分化模型不能解释这种偏好自己所属群体的差异化趋势。

为解释这一发现，泰弗尔和约翰·特纳提出了社会认同理论。该理论提出，除了通过范畴分化来实现清晰、结构和可预测

性的一般愿望之外，我们也会使用群体来提升自尊。想想自豪感的来源：你所在学校或大学取得的成就，你就职公司的地位，或是你支持的足球队赢得比赛时你的感觉。我们不仅为个人的成功感到高兴，还间接地享受我们所属团体的成功。

罗伯特·恰尔迪尼称之为“沐浴在荣耀下”，他观察了球迷在支持的足球队输球和赢球后的不同表现而创造了这个术语。和输掉比赛相比，获胜后球迷更有可能戴上与球队相关的围巾、帽子和其他标志，而且佩戴的时间更长。恰尔迪尼还发现，获胜球队的球迷高频率地使用了集体代词（我们赢了！他们输了！）而不是像“我”这样的人称代词。

所有这一切都显示了沐浴在荣耀下——自觉地把自我归类为内群体成员，以营造对自己群体的积极感受。事实上，人们希望自己的群体从一开始就给予他们积极的自尊。回想一下谢里夫夏令营研究中的群体分类阶段，群体图标是如何在两组分配后立即创建的。创造积极感受的愿望，甚至会促使人们主动尝试提高所在群体相对于其他群体的积极性，这正是在最简群体范式中发生的。因此，虽然范畴分化构成了歧视的基础，但获得 88
积极社会认同的愿望提供了偏爱自己群体的动机。

## 减少偏见

再回忆一下谢里夫夏令营研究的第三阶段。谢里夫发现，在该阶段的合作减少了两组男孩之间的偏见。事实证明，这一示范成为社会心理学家随后开发的促进宽容最有效的方法之一。依据共享内群体认同模型，群际合作会导致“再范畴化”——这是一个认知过程，人们从双群体表征（“我们”对“他们”）到单一、包容的“共享内群体”表征。

其观点是，如果范畴化是如此普遍的一种社会世界的组织方式，那么试图阻止人们这样做是毫无意义的（事实上，有研究表明，当你试图让人们抑制其刻板印象时，它们稍后会再次“反弹”）。正如我们所见，毕竟它们是预测人们行为极其有效和简单的方法。然而，我们不能阻止人们范畴化并不意味着不能改变他们范畴化的方式。该观点认为，合作之所以有效，是因为它改变了人们范畴化倾向的焦点。它让人们不再关注“我们”对“他们”，而是在“我们”这样一个更包容的层面上进行范畴化。



有大量证据表明，合作互动（建立共同目标）会增加人们在“我们”对“他们”的层面上放弃范畴化的倾向，转而采取共享内群体认同。在一篇发表的基于泰弗尔最简群体范式的实验研究中，被试以分离（AAABBB）或整合（ABABAB）方式围坐在桌
89 旁。研究人员给他们起了不同的小组名，或是给所有被试起了一个共同的名字，或是给他们起了个人的“昵称”。对应上述三种情境，即“双群体”情境（被试分离列坐）、“聚合群体”情境（被试整合列坐）、“个体集合”情境（被试整合列坐，但保持个人“昵称”），被试完成一项解决问题的练习，要分别给出原初群体、聚合群体、个体的决定。

研究人员发现，与“双群体”情境相比，在“聚合群体”和“个体集合”的情境下，群际偏见都有所减少。但有趣的是，两种情境下偏见减少的实现方式不同。在“聚合群体”情境下，偏见的减少源于先前外群体成员吸引力的增加；相反，在“个体集合”情境下，偏见得以减少源自先前内群体成员的吸引力下降。这是因为重新范畴化通过将原来的外群体成员纳入更具包容性

的共享内群体之中而起作用，而个体化的作用在于鼓励人们放弃将范畴化作为构建现有环境的一种方式（这样内群体成员就不再看起来更相似、更具吸引力）。

后续研究支持了形成共享内群体认同所产生的积极和独特的影响，并表明这不仅仅是合作造成的。研究发现，让人们穿上相同颜色的实验服，使用相同颜色的钢笔，或是仅仅想到共同之处，都能创造出共享内群体认同（并减少群际偏见）。这些发现与减少偏见的实际方法产生了共鸣，并对其进行了解释。现场实验显示，当课堂任务的设计旨在促进合作的相互依赖而不是强化差异（如种族或性别）时，就会增加容忍度，减少偏见，因为此类任务减少了现有群体差异的显著性，从而增加了共享内群体认同的显著性。 90



## 接触假说

让群体一起工作可以抵消社会心理对群体进行分类和区分的倾向，从而建立更积极的群际关系，这是戈登·奥尔波特开创性思想的核心，他称之为接触假说。奥尔波特的想法是，接触只会在特定条件下减少冲突（例如，当接触采取合作互动的形式时）。有关这些条件的大量研究，已经为促进积极群际关系的成功策略如何奏效提供了路线图，其包含四个关键标准。

首先，必须建立有利于平等的社会规范。换言之，必须有社会和制度的支持，以减少偏见，推动形成一体化、有凝聚力的社会。因此，社会条件（政府的政策、学校、法律）都应该促进融合。该条件之所以重要，有着充分的心理学原因，因为它触及社会心理追求稳定和结构的最基本机制。

还记得第三章的认知失调理论吗？当态度与行为不相符时，人们内心会感到不愉快，会努力避免这种失调产生，因此被迫改变他们的态度以适应其行为。由此可见，防止歧视的社会政策和立法最终会导致态度的改变。

以坐在汽车的后座上要系安全带为例。1991年英国出台这
项法律的时候，许多人认为这是“（管理过度的）保姆式国家”在
侵犯人们的私生活。然而，现在很少有人会反对系安全带。这
个例子很好地说明了，人们对新法律的态度是如何随时间的推
91 移而改变的。同样的过程也可能发生在有关种族虐待和歧视的
法律上：最终它们可能会通过减少认知失调的过程获得广泛支
持。实际上，为了满足这一制度支持条件，可以开办旨在促进更
积极的群际关系的讲习班，并由地方当局的人士（例如组织过课
堂活动的教师）负责管理。



成功接触的第二个条件是潜在的相识机会。研究发现，接触必须有足够的频率、持续时间和亲密程度，这样有意义的群际关系才能发展起来。实际上，可以通过确保群体以交叉范畴化的方式（即从多元维度划分群体类型，如“拼图教室”）一起工作来实现。这将确保范畴界限不会（像谢里夫的夏令营研究中那样）被用来定义友谊。

第三，接触必须在社会地位平等的条件下进行。如果少数群体以低人一等的姿态与多数群体的成员接触，那么少数群体的负面自卑感很可能会长久存在。因此，每个群体成员都应该承担同等的责任，这将确保不存在责任扩散（或“社会懈怠”，见第三章）。

最后，接触必须采取合作互动的形式。正如我们在谢里夫

的夏令营研究中所看到的那样，合作是可观察到的冲突减少的必要条件。当合作以相互依赖为特征，团队产品能获得团队奖励时，合作会更加有效。确保结果符合所有成员的共同利益，能最大限度地发挥两个群体的被试形成共享内群体认同的潜力。

## 对接触的额外说明

接触是心理学中研究最广泛的概念之一。已有五百多项研究揭示了，在接触和宽容之间存在稳健的、极其显著的正向关 92
系，然而对其有效性要做个说明。在适当的条件下，一旦你把群体聚集在一起，接触的确是有效的；但是，如果没有接触的机会呢？例如在美国，白人居住的社区通常只有一小部分黑人居民；在北爱尔兰，很少有儿童就读天主教-新教混合学校；此外还有塞浦路斯的“绿线”和以色列的西岸隔离墙。似乎在许多最需要接触的地方，发生接触的机会却最少。



解决问题的方法可能是将心理意象技术应用于群际关系。心理学诸领域的研究发现，心理意象可以引发接近于真实体验的情绪，想象执行了一项行为和真正的行为本身有着相同的神经通路。心理意象技术也被应用心理学家广泛应用于各领域。例如，有帮助运动员达到最佳表现的意象技术，有临床心理学家用来应对恐惧症的系统脱敏疗法，有通过饮食和锻炼促进健康生活方式的技术，还有用来提高学业成绩的教育技术。

想象性接触研究，为实践中难以实现面对面直接接触的群体提供了一种启动群际接触的方式，认为在心理上模拟积极的接触体验近似于接触本身带来的想法和感受，让被试想到将来要和该群体接触时多了舒适、少了担忧，反过来会减少消极的外群体态度和期望。

研究支持了如下观点：想象性接触可以减少群际偏见，增进
93 人们未来接触的意向。值得注意的是，研究发现，想象性接触提高了积极的接触脚本和图式的可得性（见第二章）。这说明意象技术是有用的，它直接激发社会心理意欲构建一个关于世界如何运作的心智模式的愿望。有引导的想象性接触意味着，模式不是建立在负面的刻板印象和期望之上，而是建立在积极的社会关系的前景之上。因此，想象性接触是一个很好的例子，说明了解社会心理的基本机制可以帮助我们制定基于理论和研究的策略，从而使世界变得更加美好。

## 亲社会行为



对想象性接触的研究表明，促进积极的心理脚本能直接激发并利用社会心理意欲建立社会关系心智模式的愿望。该观点可能不仅是鼓励更积极的群际关系的关键，也是鼓励更多亲社会和亲社区行为的关键。

在一项关于“社会互动”的研究中，要求女性被试与另一位友好的女性（其实是实验同谋）互动。当研究结束后两位女士离开实验室时，研究人员问她们是否愿意承诺献血。当实验同谋先被问及并签名表示愿意献血时，67%的研究被试也同意献血。相比之下，当被试首先被问到时，只有25%的人同意献血。

这项研究被看作社会心理形成定向、积极的行为脚本的证据。事实上，更多当代的例子已经证明，从间接视角看待亲社会行为会对亲社会行为产生影响。例如，有项研究要求被试玩一
94 款亲社会的电子游戏，游戏玩家必须保护小动物不从悬崖上摔

下来。玩过游戏后，被试报告说反社会思想的可及性降低了，模棱两可的行为被认为具有攻击性的可能性也降低了。相关研究发现，在随后的任务中，玩过亲社会电子游戏的孩子更有可能去帮助而不是伤害另一个被试。

总而言之，对观看亲社会行为的研究表明，替代性媒体体验能鼓励社会心理产生更积极的心理脚本。这些脚本在做出后续相关判断或执行相关的未来行为时可以被认知，这样做，它们从总体上促进了个人更积极的亲社会取向。应用社会心理学的相关研究正在开发新的培训技术，可应用于政府、学校和企业，以帮助建立一个更加积极、和谐和宽容的社会。 95

第六章

# 爱情与其他吸引力

这本书和一般的社会心理学在很多方面都关涉人际关系。我一直在谈论我们与他人的关系：陌生人、社会、群体和集体。我们已经讨论过如何解释他人的行为（第二章），他人如何改变我们的态度（第三章），人们如何对他人不宽容或具有攻击性（第四章），以及我们如何鼓励群体之间建立更积极的关系（第五章）。当然，在这些情况下谈论的人可以是朋友、爱人或熟人，但我还没有真正深入地研究过此类关系。在最后一章，我将深入探讨人际关系这一最基本，或许也是最有影响力的社会关系。

## 排　斥

为什么我们会被彼此吸引？作为社会性动物，人类进化出与他人建立联系的生物学需求。对于这一点，最好的证明莫过于观察当从属关系被拒绝或剥夺时会发生什么。排斥描述的是被一个社会群体排斥在外的社会过程，从在学校被冷落、取笑或欺负，到晚上外出时被同事回避，再到脸书上被"好友取消关注”，可能无所不包。

我们都知道被排斥的感觉很不好，但社会心理学实验揭示 96
的是，其影响范围之广令人难以置信。不只是朋友、爱人或同事在排斥我们时让我们感觉糟糕。研究表明，即使我们不认识对方，甚至看不到他们，被排斥也会让我们感觉不好。

在线讨论研究或专门设计的电脑游戏都证明了这一点。在一项研究中，威廉姆斯和贾维斯让人们玩一款名叫赛博球的游戏（见图7）。在游戏里，屏幕上的三个卡通人物互相扔球（每个卡通人物显然是由不同房间的被试操作的，事实上只有一个真正的被试，另外两个卡通人物的行为是由电脑编程的）。在电脑控制的人物互相（包括给真正的被试）扔了一会儿球之后，情况发生了变化。电脑受控人物逐渐减少了把球传给真正被试的次数，最终完全不给他们传球。这种排斥对被试产生了巨大的影响——他们后来报告说，他们的自尊心降低了，“有意义的存在感”也降低了。很难相信，这个简单而平凡的游戏会对被试产



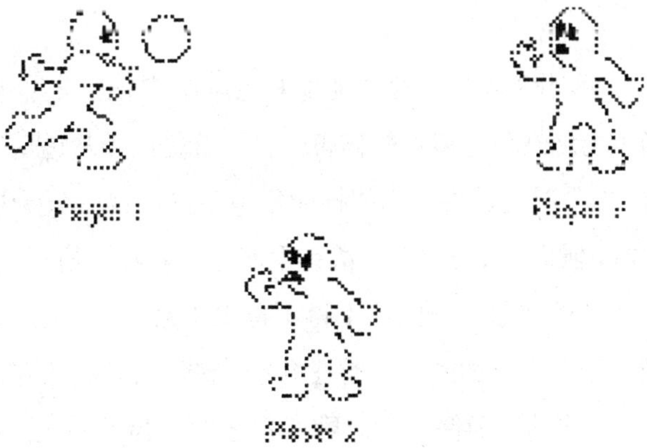

图7 赛博球游戏中的卡通人物 97

生如此大的影响。卡通人物显然是被另一个房间的陌生人控制的，人们可以想象，如果被朋友或伴侣排除在外，会产生怎样的负面影响？

更奇怪的是，即使被试知道卡通人物是由电脑控制的，他们的感觉也一样糟糕。我们似乎无法关闭大脑中控制我们对被排斥做出反应的那部分。其他例子则进一步表明，如果我们不喜欢或鄙视那些排斥我们的人或群体，我们仍然会感觉不好。例如，有项研究发现，即便受到三K党的排斥，也会让人产生所有与排斥相关的负面情绪。

如何解释这种遭受排斥后产生的普遍而极端的反应呢？我们对从属关系的需求，是社会心理最基本的表现形式，帮助我们建立起对自己周围的世界有预测性、有意义的模式。这种欲望可以追溯到人类思维的进化，排斥具有一种深刻的本能反应，反映了真实的痛苦体验。最近的脑成像研究表明，当人们被排斥时，他们大脑的同一区域会“亮起来”，就好像他们正在经历身体上的疼痛。换句话说，被排斥的社会“痛苦”会导致与造成身体伤害完全相同的生理反应。

这说明，我们实际上会本能地避免排斥带来的社会痛苦，就像我们本能地避免身体上的伤害一样。这是因为从进化论的角度来看，当人类能够将他们的技能集中于群体、部落、聚居区和集体中时，他们会更强壮、更富有生产率。对我们的祖先来说，被排斥在外的前景——因此不得不自谋生路，为自己而战——可能是对生存最大的威胁。想想牙痛，它是如何被视为一种进
98 化的适应性机制，确保我们照顾好自己的牙齿的（一旦失去牙齿，我们的祖先就会挨饿）。同样，我们的身体和心灵也告诉我

们，为了生存我们需要其他人，所以当受到排斥的威胁时，我们能够感受到真正的痛苦。这有助于解释为什么人类是一个如此社会化的物种，并且具有如此强大的与他人联系的能力。

## 从属关系

所以我们有一种内在的归属欲望，然而是什么决定了我们从属于谁呢？虽然我们生来就有一些从属关系（种族、国籍、性别），但也有自己选择的从属关系（朋友、爱人）。那么当我们有选择的时候，什么决定了我们想要和某人交往呢？

一个关键性决定因素是相似性。研究发现，无论从身体特征、兴趣、价值观、宗教、人格还是背景来看，都是物以类聚，人以群分。当被试阅读一组问卷答案时，那些表明与被试观点一致态度的回答，比那些表明不同态度的回答更受欢迎。这可以被看作社会心理在为他们的社会环境创造了一个稳定的、可预测的模式。和我们相似的人更容易被预测，因为我们知道自己的行为方式，所以可以推断出在特定情况下，相似的人也会像我们一样行事。要预测相似的人的行为，我们有最好的模板——我们自己！

相似性预示可预测性的方式可能是根深蒂固的，以至于它本身已成为一种启发式。根据匹配假说，人们相信吸引力相似的人在一起会更快乐（见图8）。海德的社会关系平衡理论认为相似性很有用，它使社会和谐感得以实现。因此，如果两个人喜欢同一类型的电影，那么在决定去哪里约会时，发生争吵的可能性就会降低。从进化论的角度来看，这也反映了重要的生存本能。和我们持相同态度的人更有可能与我们并肩作战，而不是与我们作对。

图8　异性相吸吗？研究表明，相似性实际上是吸引力更有力的预测指标

这个过程是动态的，正如我们在第三章认知失调研究中所看到的那样。因此，当态度与行为不一致时，就会导致不愉快的失调。这种失调可以通过改变态度使其与行为一致来予以消除
100 。这种情况也可能发生在维持人际关系的人与人之间。如果两人意见不一，通常他们不只是同意不同意见，而是一方经常改变其观点来与另一方保持一致，从而恢复平衡与和谐。

## 焦　虑

纽约“9·11”恐怖袭击后，研究人员在实验被试的衣服上安装了数码录音器。在袭击发生后的十天内，他们发现人们从打电话交谈更多地转向面对面交谈。这似乎是一种应对机制，帮助他们应对袭击带来的压力。

这项观察性研究支持了以往实验研究的发现，将共同的焦虑确定为从属关系的刺激因素。例如，在一项研究中，被试被告知作为研究程序的一部分，他们将接受痛苦的电击。在被告知这一点（可能会引起焦虑）后，被试可以选择在私人等候室独自等待，抑或和其他被试一起在公共等候室等待。结果63%的人选择与其他被试一起等待，说明焦虑促使我们去寻求社会支持。

鉴于我们已经看到了社会支持的好处，这是有道理的。回想一下阿希的从众研究，或是米尔格拉姆的服从研究。在这两种情况下，社会支持都是被试有能力对抗他人的关键所在。此处，社会支持提供了面对令人焦虑的情况时急需的情感支持，有趣的是，当让被试选择与谁一起等待时，他们也特别选择了和同样参与这项研究的人一起等待，说明在这种情况下，共同经历的焦虑是社会支持的关键。





## 错误归因

体验焦虑不仅会导致归属的欲望，还会进一步引发强烈的性吸引力。我们对情绪的体验基于两件事：生理唤醒和我们对唤醒原因的解释，意味着当我们感到焦虑时，有时可以通过观察别人来试图了解自己的生理状态。换句话说，我们执行了一个归因过程（让我们回到第二章描述的过程）。

回忆一下，归因是社会心理用来找出人们行为原因的过程——无论是情境的还是性格的。当我们试图找出他人行为以及自己行为的原因时，这个过程就会起作用。当这种归因过程发生在我们感到焦虑的环境中时，可以观察到一些有趣的效应。

在一项现已成为经典的研究中，达顿和阿伦进行了一项调查，分别针对的是几组穿过稳定的索桥或站在高得吓人的索桥上的男性被试，让他们创作一个关于他们想要的任何东西的故事并写下来。实施研究的女性研究人员发现，站在高得吓人的索桥上的男性更有可能在故事中使用性意象，而且更有可能在事后打电话向她询问研究的“更多细节”！



这项研究表明，基于环境中最显著的因素，人们有时会将感觉错误地归因于另一种原因。研究中的男性被试将他们站在摇摆的高得吓人的索桥上产生的焦虑，错误地归因于对女性研究人员的性觉醒。

该实验是关于错误归因的，但也告诉我们很多恋爱时的感
102 受。当我们遇上那个特别的人时，会产生一系列的生理效应，其中很多类似于感到焦虑（心跳加速、忐忑不安等）。当我们潜在的恋人显然是这些感受的起因时，我们就很容易把自己的感受归因于对其萌动的爱意。

## 进　化

面部匀称是衡量外表吸引力的一个公认标准，而面部匀称与基因、身体和心理健康有关，从进化论角度解释了为什么某些人被认为比其他人更有吸引力。然而，很难将这种解释从社会

建构的解释中分离出来，后者认为社会只是规定了某种特定的“长相”是可取的。毋庸置疑，文化和媒体会影响人们对吸引力的看法，但桑希尔和甘格斯泰德进行的一项有趣的研究表明，进化至少在解释吸引力方面发挥了一定的作用。

研究者测量了八十名男性被试的面部匀称性，然后给他们一件干净崭新的棉质衬衫，让其在睡觉时穿，并且要穿两个晚上。交回的衬衫请女性被试逐一闻过，并对每件衬衫的舒适度和性感度进行评价。研究的发现令人难以置信。尽管从未见过穿衬衫的人，但女性评分者的喜好与衬衫主人客观测量的面部匀称性之间存在正相关。换句话说，女性更喜欢那些面部匀称的男性的衬衫。

更有趣的是，衬衫气味的喜好与面部匀称性的关系只发生在即将排卵的女性身上。从进化论角度看，这说明男性释放的信息素包含了他们基因健康的信息，而处于最强生育能力期的女性会察觉到这一点，这样做有助于增加受孕后生育最健康后代的机会。 103

进化过程也与男性对红色的明显易感性有关。最近的研究发现，红色会让男性觉得女性更有吸引力、更性感。值得注意的是，红色似乎并不会让女性对女性更具吸引力，也不会影响其他判断标准（如爱好或智力）。这一点，加上在灵长类动物身上观察到的类似效果，支持了男性对红色的偏好有进化起源这一观点。

最后，另一个进化理论是外貌-地位交换原理。一项在三十七个国家开展的调查发现，男性更喜欢年轻的女性，女性则更喜欢年长的男性。从进化论角度来看，生活在原始栖息地的女性要寻找能够为后代提供安全且资源丰富的环境的配偶，而原始的男性要寻找可能处于生育年龄和基因健康状况良好的女性。

然而，也有一种社会文化的解释。从历史上看，男性拥有权力和地位，而女性则被物化，仅以她们的外表美来衡量。虽然有证据证明了外貌-地位交换现象的存在，但也有证据表明，该现象随着社会的变化而变化（为社会文化解释提供了更有力的支撑）。一些研究发现，40 岁以下的女性越来越多地寻求潜在男性伴侣的吸引力，而男性不再只对相貌感兴趣，而是越来越多地追
104 求成功的、社会地位更高的女性。

## 依　恋



一旦坠入爱河，是什么决定了我们在这段关系中的行为方式，以及我们对这段关系的满意度？根据社会渗透理论，我们一开始会逐渐向伴侣透露自己更多的私密细节（从表面信息到更深入和私人的话题），这样会慢慢建立起亲密关系。然而，如果信息透露得太快太多，会让人感到不舒服，互动可能会变得生硬，关系甚至会遭到破坏。为避免这种情况，人们通常遵循互惠准则（匹配彼此的自我表露水平）。

从一段关系的早期阶段直至关系的存续期间，自我表露都由我们的依恋风格决定。依恋理论最初由约翰·鲍尔比在1969年提出，作为理解婴儿如何与他们的主要照看者（通常是母亲）建立关系的框架。该观点后来得到拓展，人们根据儿时与主要照看者的经历形成不同的依恋风格，这些风格决定了他们在以后的人际关系中如何待人接物，以及如何看待他人。

根据这一理论，如果照看者对孩子的需求反应灵敏，就会发

展出安全型依恋风格。如果照看者不能对孩子的需求做出一贯的反应，孩子就会形成回避型依恋风格，在今后的生活中很难相信他人。如果照看者对和孩子互动不感兴趣，孩子就会形成焦虑/矛盾型依恋风格，在今后的生活中渴望形成亲密的人际关系，但不相信自己是值得被爱的。

尽管童年时期的依恋风格是否会迁移到成年期还存有争议（成人的依恋风格可能是在后期形成的），但不同依恋风格的基 105
本框架似乎可以预测成年期的关系行为。例如，低回避和低焦虑的人是安全型，据说具有高自尊，并信任他人。他们拥有一种适应性的关系风格，很容易建立关系。不管一个人自身的依恋风格如何，能给人以安全依恋的个体都是最受欢迎的。



低回避和高焦虑的人是痴迷型。虽然他们很积极，也相信别人，但他们具有低自尊，并会反复思考自己的价值。他们倾向于以自我为中心，从外表而不是性格特征来思量自我价值。他们很“黏人”，渴望被关注，以确认他们是被爱的。他们很容易坠入情网，或许经常爱错人，也最有可能被认为是不幸福的。

疏离回避型的人是高回避和低焦虑。他们具有高自尊，但对亲近感到不适。他们不能很好地解读别人的情绪，宁愿退出一段关系也不愿解决问题。他们是独立的，也可能私生活比较随便，会逢场作戏。最后，恐惧回避型的人是高焦虑和低回避。他们具有低自尊，不相信别人。研究还表明，这类人比其他人更容易识别愤怒和悲伤的面部表情。

## 一生的关系

是什么决定了浪漫的关系能否持久？当关系不能持久时

又会发生什么？爱情早期阶段的特征是所谓的激情式爱情——
106 对对方的关注和渴望，伴随着强烈的情感，还伴随着大脑化学物质的变化，特别是多巴胺分泌的增加。有趣的是，脑成像研究表明，当人们看到伴侣（而非朋友）的照片时，大脑中与奖赏和快乐相关的最古老的部分——尾状核区域的活动会增强。这支持了本章刚开始讨论的观点，即我们对人际关系的需求是植根于社会心理结构之中的。

随着关系的发展，激情式爱情逐渐被同伴式爱情所取代。同伴式爱情的特征是亲密的个人关系，和另一个人“在一起”的感觉，可以通过自我-他人重叠的概念进行实证测量。

研究表明，恋爱中的人会逐渐发现自己的身份和恋人的身份重叠。有研究对恋爱三个月或更长时间的伴侣进行了测试，要求每人说出九十个人格特征对自己和对伴侣的描述程度。然后，同样的九十个特征被随机呈现在电脑屏幕上。如果屏幕上的特征描述了他们的伴侣，就按“是”，如果不是，则按“否”。研究发现，如果被试自己也具有某个特征，那么在识别伴侣是否具有该特征时的反应要快得多。此外，恋爱关系越亲密，这种效应就越强。



这种方法和观点与内隐联想测试相似（见第四章）。说明人们开始“混淆”自己和伴侣的特征与特性了，这就像长期恋爱关系中的人们开始谈论：“我们喜欢这样……我们喜欢那样。”有趣的是，虽然在态度、兴趣等方面已经相似的人一开始更有可
107 能走到一起，但随着时间的推移，他们似乎也会变得更加相似。事实上，一项对已婚夫妇长达二十一年的研究发现，随着时光流逝，夫妻变得越来越相似。

最后，随着时间推移，夫妻甚至会变得越来越像对方，这被认为是由于共同的饮食、情感体验、生活条件和生活方式所致。有项研究发现，与随机配对的对照组夫妇相比，被试评判在一起生活二十五年的已婚夫妇的照片更像彼此。

## 投资模型

随着关系在生命周期中的发展，可以依据鲁斯布尔特投资模型概述的三个标准来预测关系的寿命和成功与否。

第一个标准是高满意度。这是最明显的，人们必须从关系中获得积极价值。然而，当其他标准发挥作用时，满意度可能很低，承诺可能很高，与直觉可能相反。

第二个标准是投资。随着时光流逝，伴侣之间在情感、社交（如共同的朋友）和经济上的投入越来越多。例如，他们可能会为了感情而牺牲自己的事业。这是一笔相当大的投资，能抵制关系的瓦解。回想一下在第三章对认知失调的讨论。避免认知失调是维系人际关系的一个方法。在投入了所有的时间和精力建立一段关系并共同生活之后，一想到要结束这段关系会令人产生不愉快的失调感，所以人们得出结论，自己一定还爱着伴侣。这也许就是为什么很多人即使在满意度很低的情况下仍然维持关系的原因——为了避免认知失调带来的更糟糕的消极感受。

第三个标准是替代者的低感知质量。不满意的伴侣可能认为他们将无法找到其他可供选择的替代者（或许因为缺乏自尊、缺乏感知吸引力或年龄原因），或者认为没有其他替代者（例如，在网络约会时代之前，人们可能只是认为自己不可能遇见其



108

他人）。在这些情况下，即使一段关系的满意度很低，承诺也会保持很高的水平。伴侣可能认为目前的关系已经是他们能得到的最好的关系了，独居、失去朋友等可能会付出太高的代价。

## 保护成功的关系

在幸福、忠诚的关系中，人们也会采取策略来保护其关系免受替代性潜在伴侣的威胁。这些策略包括贬损有吸引力的替代者，并让伴侣失去接触这些替代者的机会，远离他们的吸引力。一项有趣的研究表明，人们自己也会无意识地排斥有威胁性的替代者，从而避免受到诱惑而离开一段忠诚的关系。研究发现，当被要求与有吸引力的异性交谈时，处于忠诚的异性关系中的人更少模仿有吸引力的互动对象（模仿是一种吸引力的非语言暗示）。此外，被试自我报告的与他们的恋人关系越亲密，这种效应就越明显（也就是说，真正亲密的关系几乎不会导致模仿）。男性和女性都表现出了这种效应，说明模仿是在向潜在伴
109 侣发出感情可得（或不可得）信号的一种无意识方式。

# 后 记

本书是对社会心理学的一个简要介绍。透过本书，我们不仅了解了社会心理，也看到了我们的关系对态度、信仰和行为产生的深刻影响。社会心理学存在于我们的每一次互动、每一种态度、每一个行动之中。它告诉我们为什么我们喜欢一些人，却不喜欢另一些人；为什么我们自信、害怕、高兴和骄傲。它论及我们所面临的最重要的问题，从移民到经济再到环境，无所不包。

我们对物质世界的理解是深刻、详细、综合的。相较之下，对社会心理的内部运作，以及对社会世界原子间密切而复杂的互动方式的了解才刚刚起步。社会心理学在过去的一百年里已取得巨大的进步，但还有许多未知领域尚待探索。正因如此，它才成为21世纪最激动人心、最迷人、最令人兴奋的一项事业。 110

# 索 引

（条目后的数字为原书页码，见本书边码）

## A



## B



## C



## D

## E



## F



## G



## H



## I



## J

# K



# L



# M



# N



# O



# P



# R

## S



## T



## Z

Richard J. Crisp

# SOCIAL PSYCHOLOGY

## A Very Short Introduction

# Contents

# List of illustrations

# Chapter 1

# All about us

Science is often considered a quest to understand the physical universe: How atoms, molecules, and materials interact to determine our fate. Yet to the social scientist, understanding how we live, work, and co-exist with one another is as important as understanding the physical world. It is this 'social universe' that defines who we are, what we achieve, and what we leave behind.

Social psychology is all about this social universe, and the people who populate our everyday lives. It's the study of how society, culture, and context shape attitudes, behaviour, and beliefs. It's about how we figure out who we are, and how this is intimately linked to our relationships with others. It's about families, neighbours, co-workers, lovers, enemies, politicians, soap stars, sports stars, and strangers. Social psychology is all about us, and it's what this book is all about.

In what follows, I'll tell the story of social psychology; its history, pivotal moments, and major theories. I'll show you the classic studies that have defined the discipline to date. I'll talk about key thinkers, and how their personal histories spurred them to understand what connects people to people, and to the societies in which we live. I'll talk about the groundbreaking research that's made social psychology one of the most important and engaging disciplines of our time. From attitudes to attraction, prejudice to persuasion, health to happiness, social psychology provides insights that can change the world, and help tackle the defining problems of the 21st century.

So lets start with a little bit of history, and how the discipline came to be.

## The early years

From Aristotle's ancient philosophizing, to the works of economists like Marx and Engle, to the sociological theories of Durkheim, understanding the nature of human society has been an enduring scholarly pursuit. It wasn't, however, until sometime around the middle of the 19th century that social psychology (as we know it today) came in to being. It was a natural integration of ideas that emerged as philosophers, sociologists, anthropologists, and academics from many other disciplines began to ask: how do individual hopes, aspirations, and abilities shape our relations with others? How do individuals influence their groups, organizations, and society at large? In turn, how does society affect individuals' thoughts, feelings, and, ultimately, their behaviour?

Gustav LeBon, a French sociologist, anthropologist, inventor, and physicist, is widely regarded as having established the first truly psychological thesis on society. In his 1885 book The Crowd: A Study of the Popular Mind, LeBon proposed the idea of the 'crowd mind'. This was an inspired, and completely new, way of thinking about human behaviour. LeBon argued that people do not have fixed, unchanging capacities for good and evil. Instead, he proposed that in the presence of others our individuality can be transmuted in to a 'collective mind'. Sounds far-fetched? Well, that's probably how it was perceived at the time, but it's not so far from what we now know goes on in collectivist animal species like ants or bees. LeBon argued that people's behaviour in a crowd triggers something akin to what is observed in the animal kingdom, a group with a mind of its own that suppresses each individual's attitudes, values, and beliefs. This was a simple and controversial idea—that individuals may experience a 'diffusion of responsibility' for their actions in the presence of others. It was also a dramatic departure from basic assumptions in related branches of social science, most notably economics. The notion that people are not always rational, and can behave in ways that are patently out of line with their privately held beliefs, was a fundamental challenge to the predominant view of human ascendancy. As we will see later on, this idea proved pivotal to some of social psychology's most influential research on attitude formation and change.

LeBon's theory was a major theoretical and epistemological development, but what came next was to further define the emergence of this new science. An essential element of contemporary social psychology is its focus on testable theory, hypothesis generation, and adherence to the experimental methods espoused in the natural sciences. The origins of this approach lie in 1898 with what is arguably the first social psychological experiment, carried out by Norman Triplett at Indiana University. Triplett was interested in crowds, just like LeBon. However, he focused not on the negative effects of social influence, but on the positive effects of being in a collective. Triplett had noticed that sometimes, in the presence of others, people performed better at whatever task they do, be this athletics, music, or at work. What he wanted to do was find a way of quantifying this apparent uplift in performance in an objective, measureable way. He therefore gave a group of children a simple game to play. In this game the aim was to turn a fishing reel as quickly as possible. Importantly, Triplett compared the children's performance under two different task conditions: either alone or in pairs. What he found was that when the children performed in pairs they turned the fishing reels far more quickly than when they were asked to do the task alone. This was the first documented case of a scientific experiment in psychology, and it revealed an enduring phenomenon that is still the source of intense study today. I'll talk about this intriguing effect more in Chapter 3.

A sign that any new discipline has come of age is the production of a textbook, and the start of the 20th century saw the arrival of two on social psychology. In the UK, in 1908, William McDougall authored An Introduction to Social Psychology while in 1924 US psychologist Floyd Allport authored Social Psychology. Both of these books built on Triplett's pioneering work to cement the discipline as an experimental science.

McDougall's book was very much rooted in biology—he conceptualized social behaviour as driven by inherited or innate characteristics. Allport's book relied less on creating an intellectual grounding in the natural sciences, and more on adapting their methods. He advocated the adoption of objectivity and experimental control, calling for a 'hard science' approach to the study of human behaviour. He pushed the discipline further from its sociological roots to focus much more on individuals as the agents of social change, coining terms that are still used to this day (such as 'social facilitation' and 'conformity').



## The war years

During the 1930s and 1940s research on social psychology underwent an exponential growth in popularity. Numerous studies began to emerge from both the US and across Europe. New phenomena were discovered with increasing frequency, ranging from LaPierre's 'Attitudes vs. Actions' study of 1934, to Sherif's social influence research in 1935, to Hovland and Sear's 1940 work on aggression. I'll cover these classic studies in detail later on so won't provide any spoilers just yet. What is important here is that this activity in the 1930s and 1940s came to define the discipline for the next fifty years—it was a true age of discovery for social psychology.

Why this explosion of activity? The answer lies in the unrest and tragic events that engulfed the world during the first half of the 20th century. After two world wars, scientists turned their attention to the study of human behaviour with increasing vigour and urgency. Social psychology had become not just an interesting intellectual pursuit; it was suddenly critical to understanding the nature of human conflict and aggression.

Imagine yourself a social scientist, there in the late 1940s, at the dawn of the Cold War. Living with the very real prospect of nuclear annihilation. What would you do? Arguably it was not technological advances, in physics, chemistry, and engineering, that were the cause of war (these just made it easier and faster for us to kill each other). The cause of war lay within human nature, and our capacity to create intractable divides, seemingly solved only in conflict.



With technologies accelerating at an unprecedented pace, the urgency of understanding how humans relate to one another, in cooperation, conciliation, and conflict, became gravely important. It was therefore imperative that advances in social psychology keep up with advances in engineering and the physical sciences. If not, our capacity for conflict would rapidly surpass our capacity for peaceful coexistence. As we will see, the two world wars provided inspiration for many of the studies that came to shape the field of social psychology as it is today.

## The cognitive revolution

In the 1980s the advent of modern computing did more than just transform the speed and efficiency with which scientists could analyse data; for psychologists it also provided a metaphor for the internal workings of the human mind. Understanding the ways that computers encode, organize, process, and output data provided a new template for cognitive psychologists, one that was readily adopted by social psychologists as well.

For instance, behaviour was thought to be the result of an input–compute–output process. So, a positive impression would be formed of someone if a higher proportion of positive to negative behaviours were computed from the available data. Social cognition, as it became known, emerged as a core element of theory and research spanning the different topics that comprise social psychology. The field moved away from the behaviourism-inspired approaches of the preceding decades. It aimed to not only predict behaviour, but to understand the inner workings of the 'social mind'. It aimed to build theory that directly addressed how our attitudes, beliefs, values, and ideologies were represented, and how these representations could change, interact, and predict behaviour. In 1991 Fiske and Taylor published a book called Social Cognition that summed up this new approach, and it is still core to many social psychology university reading lists today.



Of course, computers didn't only provide a new way of thinking about how people process information about other people, they also spawned a whole new approach to experimentation and data collection. Up until then the main way of measuring attitudes and behaviour was through observation, quantitative approaches (questionnaires and numerical scales), or qualitative approaches (interviews, textual analysis, and discourse). Computers provided the means to both present stimuli, and measure attitudes, at the millisecond response time level.

This was important because it enabled researchers to assess the influence of social stimuli perceived outside of conscious awareness (e.g. by presenting words like 'male', 'female', 'young', or 'old' on a computer faster than the eye can detect—around 300 milliseconds—but still fast enough for the brain to register). This allowed researchers to examine the more subtle effects of social environment on behaviour, and also helped them get around the problem of people giving socially desirable responses, rather than reporting their 'true' attitude. One of the things we have learned about people is they often don't say exactly what they think (especially when in the presence of others, or when their responses will be scrutinized by others). Response time methodologies allowed researchers to assess people's real, underlying attitude, free from the shackles of social norms and self-regulation.

## Cognition in context

While pivotal to the development of the discipline, some have argued that the cognitive revolution initially focused disproportionately on the internal workings of the social mind, and to an extent ignored the effects of social context. To remedy this, in recent years there has been an increasing focus on so-called 'situated cognition'; that is, the way in which social cognition is affected and impacted by social context. The most important theoretical shift has been from the notion that cognitive processes are fixed and invariable, to instead embrace the idea that cognition is an emergent property of the situation at hand. In other words, how people think in social contexts is not a product of stored, static representations or learned rules, but can change fundamentally depending upon context and frame of reference.

For instance, rather than people having a single stereotype stored in memory that they apply to everyone they meet from a particular social group (e.g. Muslims), their expectations about meeting different members of that group will differ depending on their relationships (e.g. a friend and neighbour versus a stranger) and context (e.g. at home versus at work). The importance of context and relationships to how people construct a sense of their social worlds is now a strong theme in social psychology and something we'll discuss through all the chapters that follow.

## Social psychology today

Social psychology is now a global endeavour, researched in many different laboratories around the world. Social psychological research is published in over one hundred journals, and new findings reported in newspapers on a daily basis. The Social Psychology Network (an educational organization with more than 2,000 members worldwide) has had its web pages viewed hundreds of millions of times since its founding in 1996.

Whether we are talking about research on obedience, conformity, prejudice, or persuasion, studies of social psychology have provided a range of important insights for business, governments, charities, and other organizations. Attitudes, leadership, tolerance, aggression, affiliation and attraction, friendship and love—these are concepts that have broad practical relevance for a range of careers and occupations, from management to education, health to the arts, government to the media. Social psychology is a discipline with incredible versatility, applicability, and relevance to the modern world. In this book I hope to give you a firm footing in the field as you adapt, use, and apply its insights in your own social universe.

# Chapter 2
# The social mind

This chapter is all about the basic workings of the social mind—in other words, social cognition. Cognition refers to the mechanics of thinking—it's how we perceive, process, retain, and recall information. For example, while you are reading this sentence your brain is engaging a whole range of mechanisms. First you are seeing the words. This visual input is then translated, encoded, and matched to a memory for what those words mean. As you access each word's meaning it is compiled in to a sentence structure according to other stored rules. The sentence is interpreted and kept in working memory so it can assist the processing of the next sentence, then the next paragraph, and ultimately the chapter. Finally, the key information is summarized, abstracted, and stored for assistance in interpreting subsequent information.

Social cognition works in much the same way—except the stimuli, meaning and, interpretation is all about the content of our social universe. Social cognition is therefore about how we encode, analyse, store, and use information about the people we meet and the relationships that define us. It is about the mental processes that 'kick in' as soon as we communicate with someone else. It is the nuts and bolts of social psychology, and forms the basis for pretty much everything I'll talk about in this book.

So what is social cognition in practice? Well, we're doing it all the time, we just don't realize it. Think, for example, about what mental processes will be initiated when you wake up tomorrow morning. Perhaps you'll start off thinking about that presentation you have to prepare for later in the day. Why do you want to prepare for it? Well, there are explicit rules—it's what your boss has told you to do. But there are also implicit rules—rules we don't see but which exert a powerful effect on our behaviour. You won't want to look stupid in front of your colleagues (and that's a social influence). Then there's the bigger picture—you want to do a good job to progress in your career. Why do you want to do this? It's key to your aspirations, and you want to make your friends and family proud (self-esteem, social comparison—they're social processes).

Ok, perhaps you're not thinking about that but listening to the radio. The DJ is engaged in a humorous segment about a trip she made to the supermarket (the fruit stand crashes down when she reaches out to take a peach). Why are you laughing? You're empathizing with the DJ (a social connection) and recognizing the situation (embarrassment in front of others—another social process).

On the other hand perhaps you're heading downstairs to breakfast. The whole family is there. Your dad starts asking you about your schoolwork (social pressure from a significant other), you're still a bit annoyed with your sister after a fight yesterday (an interpersonal relation), and you're not eating bacon because you saw a documentary last week about how animals are slaughtered (attitude change).

I could go on. At pretty much every point in our day social cognition is in effect. Even when we're alone, we're thinking about others. Why was your boyfriend distant this morning? Will my boss support my promotion application? Every person we know or meet stimulates the social mind. And none of this is to mention the big issues in the news. Immigration, politics, economics—there are social issues and influences that surround us each and every day.

Cognition lies at the heart of this social influence; it drives our attitudes and prejudices, our altruism and aggression. In this chapter I'll cover the basics of social cognition, and in particular how we form impressions of others. To do that, I need to go right back to the beginnings of social psychology, and a metaphor that was to define the early days of the discipline.

## The naïve scientist

Pioneering social psychologist Fritz Heider wanted to build a basic theory of the social mind, and to do that he aimed to establish the fundamental guiding principles that drive social behaviour. The idea was that while people, like animals, had a hierarchy of survival needs (with basic needs like food, sleep, and sex at the top), we also have some essential epistemological and existential needs. Our complex minds need to know who we are, and how the world works, in order to survive.

Heider's view was that we are not simply passive observers of our worlds, but that we constantly encode, analyse, and process social information because it helps us meet two fundamental needs. The first is the need to understand the world and the second is to try to control it. In other words, human behaviour is driven by the need to predict and control.

These drives make perfect evolutionary sense. The success of any organism depends precisely upon these two principles: the ability to process information that enables the building of lay theories about the world, and basing an understanding about the working of that world on learning principles that enable prediction. If we can understand the world and predict what happens within it, we can control it; and if we can control it, we can survive (and pass on our genes). So for our human ancestors, it was adaptive to understand that tigers were to be avoided, while goats were good to herd. The point is that these principles apply to social relations too. Learning which people and which 'tribes' were aggressive, and so which to avoid, would have kept our ancestors safe, secure, and able to thrive.

Heider believed that this need to construct a working model of the world was so deep that we seek meaning and intention in all interactions—whether social or non-social. In a classic study he demonstrated this fundamental drive. Heider and Marianne Simmel, in their article 'An experimental study of apparent behavior', played a group of participants a short film that featured a number of small shapes (i.e. triangles and circles) moving in and around a large square (with an opening on one side). After watching this very simple animation participants were asked to respond to just one question: 'what did you see?'



Heider and Simmel found that only one person in the study described precisely what they had seen (i.e. 'A large triangle enters a rectangle and moves around'). All the other participants described—and interpreted—what occurred as the actions of people. For example, one response was: 'A man has planned to meet a girl and the girl comes along with another man. The first man tells the second to go. The second man shakes his head. Then the two men have a fight.' In other words, the participants had built a meaning system around what they saw—seeing the shapes as representing people, and matching the movements they observed as being representative of patterns of social interaction.

What Heider uncovered here was a fundamental human desire to want things to just make sense, one that defines the way in which the social mind processes information. According to Heider, this core need to understand the world about us shapes how we collect and process information, in particular about the people who populate our social universe. He argued that we are basically 'naïve scientists', building mental models to represent how the world works. As discussed in Chapter 1, before the science of psychology came into being the prevailing view of human nature held by other social scientists was that humans are rational, analytical, and logical. According to Heider these qualities are simply manifestations of the mind of the naïve scientist: we want to make sense of the world, and are constantly seeking to encode, analyse, and classify the movements of others. Working out how the social mind does this was to inspire the development of a major area of research in social psychology: attribution theory.

## Attribution theory

Attribution is what we do to make sense of the world. It is how we make inferences about the causes of people's behaviour. We make attributions every day, they are how we ascertain cause and effect in our social universe. Imagine you walk down the corridor at work and see two of your friends arguing. What thoughts go through your mind? You're probably not looking at what they're wearing. You're probably engaging in a process of attribution—to try to work out why they are fighting. In other words, you're trying to attribute a cause to the effect (what has caused the arguing).

Take another example—that boy or girl you like keeps looking over at you. Think about the thoughts going through your head at that moment. Is it because they like you too, or are you imagining it? In this instance you're trying to infer something about their intentions from their behaviour—you're trying to attribute a cause (preferably that they like you too) to the effect (them looking over at you).

Despite its rather technical sounding name, attribution is as everyday a theory as there is. We literally do it all the time, even when trying to work out our own needs, desires, and drives ('do I want to study psychology at university? I seem to enjoy it, except the statistics, etc. . . .').

So making attributions is a key aspect of social cognition, how we determine cause and effect in our social universe. However, there is an important difference between calculating cause and effect in our social universe compared to the physical universe. Physical objects don't change in the light of the situation (unless we get in to quantum physics, but lets stay with basic Newtonian mechanics for now!). On the other hand, social objects do.

Take a pen. A pen is a pen whatever the situation, wherever it is. The defining characteristics of a pen do not change whether it's in your pocket, in your hand, or on the table. Determining why a pen produces ink is easy; there is a stable cause and a stable effect, regardless of context.

Now take a person. People have defining characteristics—their personalities. However, while these personalities are relatively stable they do change depending upon the situation. You will act differently when you're with your friends compared to when you're in a job interview. To understand and predict people we cannot ignore the situation, we need to know about core personality characteristics and situational characteristics, and the interaction between them both. Taking account of situations makes the process of attributing cause to effect in social situations much more difficult, and this is what attribution theory is all about. It is how we decide whether a person's behaviour can be attributed to an internal, core personality or dispositional characteristic ('he's looking over here because he likes me!'), or a situational characteristic ('oh, oops, he's looking over here because his friend is behind me').

## The power of the situation

Kurt Lewin started out his scientific career as a physicist, but was driven to understand the mechanics of the social mind through his experiences of the Holocaust in World War II. He believed that just like objects in the physical universe, people's behaviour is influenced not only by their own intentions but also by a 'field of forces' in the (social) world around them. He believed that just as physicists can predict the speed and movement of an object moving through a medium, so too could psychologists predict the actions of people if they know the properties of the social medium in which they travelled. So, gravity, viscosity etc. become elements of the situation. This was a critical insight that shaped the next fifty years of research into the social mind: that to understand people, we need to understand them in situ. In other words, any person's action must be determined not only by their internal characteristics (desires, hopes, drives, etc.) but also by the characteristics of the situation in which they find themselves.

The power of the situation—in some cases the overwhelming power—is demonstrated in Philip Zimbardo's (in)famous Stanford Prison Experiment. In this early study of social behaviour, a group of volunteers were randomly split into two groups: prison guards and inmates. Zimbardo provided a range of strong situational elements to enhance the power of the randomly assigned role. As soon as they were assigned roles, the simulation began—inmates were dragged to a police station, fingerprinted, and stripped. Both the prison guards and inmates were deindividualized by being given just uniforms and numbers respectively, and the guards wore sunglasses to prevent eye contact.

What ensued was an incredible demonstration of the power of the situation in determining behaviour. The guards became increasingly immersed in their role—becoming more and more aggressive towards the inmates, and subjecting them to humiliation and degradation. Eventually the simulation had to be stopped because of fears for the safety of the inmates. This study showed the awesome power of social roles and situations in changing people's behaviour (remember that the guards and inmates were totally randomly assigned, and all well-adjusted, typical US citizens before entering the simulation).

Throughout this book I'll show you many examples of how social roles, stereotypes, categories, crowds, and a whole host of other situational determinants can bring out the darkest side of human behaviour (from Nazi guards 'just following orders', to the recent Abu Ghraib prison atrocities in Iraq). For now, what's important is that these studies demonstrate that any person's behaviour cannot be explained by their personality, drives, or motivations alone. We have to take account of the situation as well.

## Making attributions

So any person's behaviour can have a cause internal to that person (disposition, personality, mood) or a cause external to that person (situation, luck, the influence of other people). Attribution theory is about the process that enables people to get to one or other of these conclusions. A number of theories about how people make attributions have been proposed over the years, but the best known is Kelley's co-variation model.



The co-variation model provides a set of rules for how people arrive at internal and external attributions for observed behaviour. To do so, Kelley believed that people look for three types of information: consensus, consistency, and distinctiveness information. This information is then integrated to compute the most likely cause of the behaviour at hand.

Say for example you arrive on campus one day and your best friend shimmies up to you sporting a crazy red wig. Immediately and automatically your social mind is asking the question 'why'? According to the co-variation model you look for the three key types of information.

First, consensus—is it just your friend who's wearing a red wig (low consensus), or is it everyone around you (high consensus)? If it's just your friend this implies a dispositional cause (something unique to your friend—perhaps they love to stand out from the crowd). In contrast, if everyone is wearing a red wig this implies a situational cause (perhaps it's red wig charity day).

Second, consistency—does your friend always wear a red wig (high consistency) or are they only doing it today (low consistency). If your friend always wears a red wig this again implies the reason they're wearing it is because they like to stand out—it's part of their personality. If they're only doing it today then again this implies a situational cause—it's red wig day.

Third, distinctiveness—does your friend wear the red wig in other situations (low distinctiveness), or is it only on campus (high distinctiveness)? If it's in other situations as well, then again this implies a dispositional cause (it doesn't matter what the situation is, they want to express their personality by wearing wacky wigs). If however they don't wear red wigs in other situations, but just on campus, this implies a situational cause—again, red wig day.

According to the model people assess these three types of information, then go through a computation process to weigh up and combine the high versus low assessment for each. For instance, it may be that not all the types of information will be in alignment. Perhaps everybody on campus is wearing a red wig (high consensus, so implying a situational cause—red wig day), but also your friend always wears a wig anyway, and in different situations (high consistency and low distinctiveness, so implying a dispositional cause—their wacky personality)..The model would predict that the perceiver then has to weigh up the conflicting consensus versus consistency and distinctiveness information and arrive at an overall judgement in which they decide to discount one of the pieces of information. In this case it is the consensus information that may be discounted or weighed less heavily into the eventual attribution, i.e. that your friend does still have a wacky personality and a desire to stand out, even though on this particular (red wig) day everyone else is wearing the red wig too.

While a fair amount of empirical evidence has accrued that people use these three types of information to draw conclusions about the causes of behaviour, it soon became apparent that formal models of attribution, like the co-variation model, were inherently limited. This was because in many cases people seemed to bypass the complex computations specified by these models, yet still make an attribution. Yes, studies showed that when people were given consensus, consistency, and distinctiveness information they were able to come to conclusions about the causes of people's behaviour as predicted by the co-variation model. However, miss out some of this information, or vary the conditions under which the judgement is required (e.g. time pressure, motivation), and the model breaks down. Instead, people appeared to make attributions using a whole different process. This other process was revealed in studies that found 'errors' when people were asked to make attributions under non-optimal or non-idealized conditions.



## Attributional bias

I began this chapter suggesting that we are logical and rational in thinking about our social worlds: we act like naïve scientists in an attempt to construct a meaningful, predictive model of how other people behave. Well, that's true to an extent, but this desire for meaning and stability is not the only drive that determines how we think about others.

As research progressed on attribution theory it became apparent that much of the time we simply don't think like naïve scientists. We just don't go around 'testing hypotheses' about other people and their behaviour. We certainly don't do complex statistical computations in our heads every time we have a social interaction. Rather, we seem often to rely on things like 'gut feeling' and 'instinct' to form impressions of others—seemingly intangible thought processes that in fact can be isolated, defined, categorized, and predicted. This quicker, easier way of thinking was revealed in studies of attributional bias.

The first bias that people were found to display was named the fundamental attribution bias (FA bias) because people do it so often. It describes the tendency people have, all other things being equal, to make a dispositional (internal) attribution rather than a situational (external) attribution. Imagine you walk out of the nightclub one night and see two guys you don't know having a fight. What's your first thought? Probably not that they're both really nice people and simply acting out of character. If you met them in the pub the following week, your first impressions of them would probably stick—no matter how nice they seem, you saw them in a fight last week so that's going to colour your view of them now. In other words, your first thought is that the behaviour is indicative of a stable personality characteristic—a dispositional attribution.

Early evidence for this bias came from a study by Jones and Harris in 1967. They carried out a study during the Cold War in which they asked participants to read an essay that was pro-Fidel Castro as Cuban leader (this was around the time of the Cuban Missile Crisis). Participants were then asked to infer the attitudes of the writer. However, they were asked to do this after either being told that the author had freely chosen the topic of their essay or that their topic (pro-Castro) had been determined simply by the toss of a coin. Quite sensibly, people who were told that the writers chose to write a pro-Castro essay inferred that the writers indeed held attitudes that were pro-Castro. However, they also inferred that the writer was pro-Castro when they were told the topic was determined by the toss of a coin. In other words, even if they were told the writer was given no choice about the topic of the essay, they still made a dispositional attribution on the basis of the observed behaviour. This was all the more striking because at this point in history, in the US, there was widespread concern about Cuba and Castro's regime (i.e. the logical prediction would be that very few people would be pro-Castro).

The FA bias demonstrates that people do not always engage in complex statistical computations in their heads when trying to make attributions—instead they use some other source of information to make the decision. Research on a second bias, the actor–observer bias, demonstrates what this is. In 1973 Storms carried out a study similar to Jones and Harris and found that while people tended to make the FA bias when making attributions about others, when they were asked to make the same assessment about themselves they tended to make situational attributions. In other words, the FA bias was reversed.

The explanation for this is perceptual salience. Specifically, our attention is grabbed by whatever is most noticeable in the scene before us, and that is where we attribute causality. So, according to this explanation we make the FA error because the person in front of us is usually the most attention-grabbing thing in the scene—they are moving, talking, walking about. The situation is in the background, so we are much less likely to make a situational attribution, and more likely to make a dispositional one. On the other hand, when making attributions about our own behaviours we can't see ourselves in the scene. We're looking out on to the situation—so the situation becomes most attention grabbing for us.

Further support for the perceptual salience explanation is that it can be reversed simply by using a mirror. Research has shown that if you put a mirror in front of the participant when they are asked to make an attribution about their own behaviour then the effect is reversed: they are now likely to make the FA error about themselves (i.e. make a dispositional attribution). This is entirely in line with the perceptual salience explanation—in a mirror the attentional spotlight is again on us, making a dispositional attribution more likely.

Think about your everyday life, and you will notice that we do this all the time. If you meet someone who is rude and 'stand-offish' you probably come away thinking they're not a nice person (a dispositional attribution). However, if you meet someone and they catch you at a bad time, you don't suddenly change your idea of yourself and think you're horrible—you know you're in a bad mood because the dishwasher exploded at home this morning. In other words, you know about the situational factors that can account for your own behaviour, but you can't see how the same sort of situational factors affect others.

Using what is most perceptually salient to us to make attributions is a cognitive bias, but there are also biases that result from motivations. We are not just passive observers of the world around us—our hopes, needs, and desires also predict how we explain the behaviour of others, and ourselves, and often in a biased way. The self-serving attribution bias describes how sometimes attributions are made in ways that have nothing to do with computation, and nothing to do with perceptual salience—sometimes we simply make them in a way that will make us feel good.

Let's say you do particularly well in your social psychology exam. You probably will feel pretty good and pat yourself on the back for being clever and working hard—all dispositional attributions. You probably won't attribute it all to an external factor, i.e. luck. In contrast, if you do badly you'll feel much better if you put this down to bad luck with the choice of questions, or to the fact that you had a bad lecturer, instead of thinking you're just not that clever. Attributing success to internal causes, and failure to external causes, is one of the ways we regulate self-esteem and our view of our own self-worth.

These attributional biases and errors reveal that people don't always act like naïve scientists in their quest to create a stable, predictive model of the world around them. The drive that Heider identified tells us what guides the social mind in its exploration of the world—but the mechanics of how it does this can vary. People don't only logically and rationally process information. Instead they take shortcuts like perceptual salience, or motivations colour and filter our view of the world. These shortcuts have been discovered in areas of thinking that extend well beyond attributional judgements, and it is this research that shaped an entirely different view of social cognition.

## The cognitive miser

The discovery of attributional errors and bias revealed a second side to the social mind. This second side was not rational, logical, careful, and systematic, but instead took an easier road to social judgement, relying on cues such as perceptual salience. But if people are not (always) naïve scientists, what are they? In their seminal thesis Social Cognition, Fiske and Taylor proposed we are something else entirely—we're cognitive misers.

Cognitive misers are the opposite of naïve scientists; they're not systematic and logical. They don't put lots of effort into thinking and analysing the world around them. Instead they rely on timesaving mental shortcuts known as heuristics. The cognitive miser is not so concerned with the world making sense; they're just concerned with expending cognitive resources as efficiently as possible. The cognitive miser is essentially a mental accountant who knows we only have so much we can think about at any one time—so they develop shortcuts known as heuristics to try to approximate the outcomes reached by the naïve scientist (in a quicker and less effortful way).

Heuristics are therefore timesaving mental shortcuts that allow us to make judgements without having to spend a great deal of time analysing or processing information. For instance, a strategy of relying on perceptual salience to make an attribution is a much easier and quicker way of making an attribution than laboriously looking for consensus, consistency, and distinctiveness information (and then computing, analysing, and combining this information to make a judgement). Such shortcuts are quick and easy, but this efficiency comes at a cost. While heuristics are generally accurate (otherwise we wouldn't use them), they are much less accurate than the systematic thinking strategies used by the naïve scientist, and can therefore lead to a number of errors and bias such as those observed in the attribution field.

Perhaps the most researched heuristic is the availability heuristic. This is the heuristic that can explain the impact of perceptual salience on attributional judgements. In essence, people's judgements are steered, anchored, and sometimes hijacked by what is most attention grabbing in the context at hand, or what most readily comes to mind.

Imagine, for instance, you're about to get on a plane to fly off on your summer holiday. As you're about to board, on the TV screens in the departure lounge there's breaking news of a plane that has crashed somewhere in North America. Now, the fact that this crash is on the news right now has no substantive impact whatsoever on the probability that your plane will crash (flying will still be statistically safer than almost any other form of travel, this latest crash won't change that). However, despite knowing this logically, you probably wouldn't be able to help but feel a little more nervous than usual as you board the plane. This is the availability heuristic in operation. You may realize it's not logical, but just the ease with which you can recall the news item can have a profound impact on your 'gut feeling' about travelling.

One can think back to the weeks following the 9/11 Al Qaeda attacks in New York in 2001 there was an almost 20 per cent reduction in air travel. This was a cultural event that seemed to make air travel much more dangerous than it was because it was so salient in people's minds (statistically the 9/11 attacks had a negligible impact on the actual safety of air travel compared to other forms of travel).

The availability heuristic is behind a range of other phenomena in judgement and decision-making, perhaps most notably the false consensus effect. Over one hundred studies have shown that people have a general tendency to believe that most other people agree with them on whatever issue is at hand. Of course, our own opinions are the most available to us, especially when they are strongly held (i.e. we recall them a lot) and we have no clear indication of the views of others (e.g. they're not physically present, or are distributed over a large network).

## Social priming

The heuristics discussed in this chapter demonstrate how the cognitive miser uses shortcuts in everyday thinking. What's important for our understanding of the social mind is how shortcuts are also used in forming impressions of others. One way in which the availability heuristic can affect the impressions we form of other people is through priming effects. Solomon Asch was a pioneering social psychologist who we'll come across a lot in this book. He demonstrated how people can be incredibly biased in the information they remember about someone on a first meeting. In his 1946 experiment he gave two groups of participants a list of adjectives describing someone. The first group received the following attributes, presented in precisely this order: intelligent, industrious, impulsive, critical, stubborn, envious.

They were then asked to say what they thought this person was like. On the whole, participants thought this person would be a nice person to meet and evaluated them positivity. In contrast, Asch gave a second group of participants precisely the same list of adjectives but this time in the opposite order: envious, stubborn, critical, impulsive, industrious, intelligent.

When asked to form an impression, this time the group gave a much less positive evaluation. This study demonstrates the power of the availability heuristic. People remember the most available information, and it has been shown that people particularly remember the first few pieces of information they receive when meeting someone for the first time.

This social priming is pervasive in everyday cognition. It's a good example of how the social mind can be a cognitive miser and a naïve scientist at the same time. On the one hand, it is a time-saving mental shortcut that reduces the amount of processing required. On the other hand, it helps us construct predictive mental models from first impressions. Remember how Heider thought we have a basic desire for consistency and predictability? Social priming can be seen as a manifestation of this. Our desire to create structure and meaning is so pervasive we start to do it right from when we begin receiving information. What happens is that the initially received information creates a structure that then filters the remaining information—leading to something called a confirmation bias. So, for instance, if you form an impression of someone as 'industrious' and then they display stubborn behaviour, you may be more likely to interpret this as 'steadfast and determined'. If, in contrast, your first impression is of them as 'envious', then stubborn behaviour is more likely to be interpreted as 'close-minded' and 'rigid'. This research suggests that first impressions really do count!

This framing effect is also evident in how people describe big issues. Think about conflicts around the world, and the way in which opposing groups and governments talk about them—do they refer to 'freedom fighters' or 'terrorists', 'occupiers' or 'peacekeepers'? How something is labelled can fundamentally change the way subsequent information is interpreted, and this can be used to great effect in the media, law and politics. Framing is critical to how we process information; to how we form attitudes and impressions.

John Bargh demonstrated how even seemingly irrelevant information can create such a frame. In his 1996 'language study' he asked participants to first unscramble words to form a series of sentences. Unbeknown to the participants, this task was actually designed to create a frame. Half the participants unscrambled words to form sentences that referred to polite behaviour, and half unscrambled sentences that ended up referring to rude behaviour. After this, participants thought the experiment was over and went off to a second experiment (a study in which they would converse with another participant). The dependent measure was how often the participant would interrupt the experimenter conversing with the other participant. Participants who had received the rude prime interrupted the experimenter much more than the participants who had received the politeness prime. This shows that (a) frames can affect not only our impression of others but also our behaviour, and (b) frames can affect actions that are unrelated to the context in which they were formed.

Our compulsion to automatically create meaning in social situations is not just done 'on line', i.e. shaped by the early pieces of information we receive about someone. We carry around with us a huge number of these filters and frames based upon previous experience, and they start shaping the information we process about people as soon as (and indeed before) we even meet them. These frames are called schemas, scripts, and stereotypes.



## Scripts, schemas and stereotypes

Scripts and schemas are shortcuts for understanding the world. They adhere to the same basic principles as outlined for framing effects, but they are more detailed and complex, stored in memory, and activated when we encounter specific situations in our everyday life that trigger them. They are mini mental models of how our social universe works.

Take going to the cinema. When you arrive your script kicks in: you know you need to go to the ticket booth, then the confectionary counter, then head to the right screen, and then stop talking once the lights go down. You know you don't push to the front of the queue at the ticker counter, sit in seats other than those indicated on your ticket, you don't stand up or talk loudly once the film has started or begin singing at the top of your voice just because you're happy! There's a script for what behaviours are (a) necessary and (b) acceptable in this social context.

Think of all the other scripts that kick in during everyday life. Driving, going to the supermarket, cooking a meal from a well-memorized recipe. We know that in a fast food restaurant we go up to counter, in a posh restaurant we wait to be served. Next time you see a traffic jam part like waves to let an ambulance through, think about what is happening—everyone in every car knows precisely what they need to do in that situation. It is a socially shared script that is activated in response to a specific environmental cue (the ambulance siren).

Scripts are formed through experience—just like learning to ride a bicycle. Once a script has been formed and activated it can influence a whole range of expectations, intentions, interpretations, and behaviours. In many ways scripts operate like the availability heuristic coming to mind when the situation fits. While incredibly useful and functional in everyday life, these cognitive shortcuts have a use that can have a negative impact on people's lives, and this is when they apply to groups of people.



Schemas are what are brought to mind as a result of basic categorization processes. For instance, think of an item of 'fruit'. Got it? I bet you thought of an apple or an orange—these are the most frequently recalled items when people think of the category 'fruit'. Now think of a mechanic. I bet you thought of a man. Being a male is the occupational schema of the category mechanic.

Schemas about groups of people are stereotypes. They fit the description of heuristics perfectly. They are rules of thumb—shortcuts that enable us to make assumptions about people, and predict their behaviour, without having to engage in effortful and time-consuming mental processes. These shortcuts and assumptions can be incredibly useful. In a medical emergency expecting a doctor (versus a plumber) to have the knowledge needed to save someone's life is critical. On the other hand, when you've got a leak at home you know a plumber can help (but not a dentist), and so on.

These expectations about people help us structure and give meaning to our worlds, while also being incredibly efficient ways of forming first impressions about people. Stereotypes mean that we don't have to be naïve scientists to create our mental model of the world, and from a purely functional view this makes sense. In a medical emergency we simply don't have the time to spend several minutes questioning a doctor to ascertain, logically and rationally, from the information provided, whether he has the requisite medical knowledge.



The trouble with stereotypes is that, like all the framing effects described so far, they significantly bias the interpretation of new information. This is particularly problematic when they are based upon erroneous or unfairly negative information in the first place. The framing and filtering effect of stereotypes have been demonstrated in numerous studies. In one study participants were played a videotape of a woman having a birthday dinner. Participants told she was either a waitress or a librarian (creating the stereotypic frame). If told the former, participants showed better recall for the woman drinking beer; if told the latter, they showed better recall for the women wearing glasses.

This confirmation bias has been shown to affect really important social decision-making. For instance, studies have shown mock juries are more likely to perceive an ethnic minority defendant as guilty (versus a white defendant) on the basis of exactly the same case evidence—but only if the name (which is a clear label for ethnicity) is presented before the information. So doing creates the frame that changes the interpretation of the subsequently presented information. This can also be a real problem for a society striving to create equality of opportunity and tolerance for all. For instance, if a women cannot get a job in a 'male' field like engineering or science because she is a women (i.e. the counter-stereotypic gender for that occupation), then this is an example of a stereotype propagating inequality and bias.

Stereotypes are also hard to change because they are maintained through language. The linguistic intergroup bias describes how language can transmit and maintain these associations. Specifically, people encode, represent, and use positive behaviours about their own group, and negative behaviours about other groups, in an abstract way; but positive behaviours about other groups, and negative behaviours about their own group, in a concrete way. Importantly, abstract language implies that the focal topic is an enduring, stable characteristic while concrete language implies a one-off, isolated example. In this way the association of one's own group with positive feelings and other groups with negative feelings can become self-perpetuating. We'll discuss how negative stereotypes are formed, and how their use can lead to prejudice, intolerance, and inequality, in detail in Chapter 5.



## The motivated tactician

In this chapter we've seen how people can be logical and systematic in their processing of information about people, or they can be quick and efficient—but with the increased risk of errors. Which is correct? Studies have shown that both apply, and that's precisely right: we are both naïve scientists and cognitive misers—but which we are depends upon the situation. The best way to think about how both models apply is to separate the components of Heider's original notion of the naïve scientist into (a) underlying drive and (b) process. The fundamental desire driving the social mind is to create a predictive model of our social universe, but this can be achieved through one of two processes. Either it can be achieved through the reasoned, systematic, and logical mechanics of thinking specified by the naïve scientist or it can be achieved through the more efficient, but error prone, heuristics used by the cognitive miser. In other words, we can create a predictive model of our social universe using either mode of thinking, depending upon what works for the current situation.

Characteristics of the situation appear to predict when either processing route is engaged. People rely on stereotypes when they have little other information to go on, or when they are in a rush or busy (i.e. they have low motivation to engage more effortful but accurate systematic processing). In contrast, when people are motivated to be accurate, or if information is available that shows the person clashes with their stereotypic expectations, then people are more likely to 'snap out' of stereotypes and form an impression. The social mind therefore has two modes of thinking available to it: one slow, effortful and accurate versus one quick, easy, but sometimes inaccurate. These two ways of forming impressions are summed up by the continuum model of impression formation.



According to the continuum model the default mode of processing is heuristic. So when we first encounter someone new we try to fit them into a social category: are they male or female, young or old, Christian or Muslim, and so on. For the most fundamental categories (gender, age, and race) this happens within the first few milliseconds. If the person fits the category then the stereotype is applied and filters all subsequent information.

However, sometimes both internal drives and situational factors can lead perceivers to move away from the heuristic end of the continuum towards the systematic thinking end. For instance, if the stranger is someone interviewing you, then you're likely to automatically shift to the systematic processing (high attention) end of the continuum. Alternatively, if the person does not fit an existing category, or conflicts with expectations (e.g. a female mechanic, Figure 1) then existing stereotypes are of no use and so abandoned as a means of impression formation. Now the naïve

1. A female mechanic. People who disconfirm stereotypes can encourage a revision of existing beliefs about social roles.



scientist kicks in, increasing cognitive resource allocation in an attempt to make sense of the person at hand. Essentially, this is the naïve scientist attempting to revise their mental model of the world around them, to ensure they can maintain a high level of predictability. If they just ignored exceptions to the rule like this then eventually the system would break down.

In this way the cognitive miser and the naïve scientist work in perfect harmony with each other. The cognitive miser monitors the world around them, applying the rules of their mental model (the scripts, schemas and stereotypes). When, however, someone is encountered who does not confirm to the rules, who does not fit into the system, this indicates revisions to the system are needed. That's where the naïve scientist steps in to provide a detailed, systematic analysis of the person at hand, and to revise the mental model. The revised model is then applied to future interactions and the whole process begins again. In this way, some social psychologists have suggested we are, in fact, motivated tacticians, adopting the processing strategy that best helps us make sense of the world. This may also be the way that, over time, stereotypes change. As increasingly we are exposed to people in counter-stereotypic roles (such as female mechanics), so our stereotypes of what is the norm for different occupations can be revised.

So that's the social mind, the nuts and bolts of thinking about people. These mechanics will guide what we encounter in the rest of this book. As we progress keep in mind these basic principles. People are seeking to make sense of the world around them, to build a model of their social universe that enables them to predict how others will behave, and enables them to realize and reach their goals and aspirations.

# Chapter 3
# Attitudes and influence

We now know the basic workings of the social mind, and the mechanisms that help us create a predictive model of our social universe—but what about the content? Our mental models are made up of attitudes. Attitudes are a set of beliefs about an object, person, or issue. They can be simple and clear, or complex and multifaceted. They are the basic building blocks of our mental models—they are the specific content that helps us predict why the world is the way it is, and whether we think it should be different. They inform and guide our ideals and aspirations, values, and ideology.

If the sub-field of social cognition describes the physics of how we construct a mental model of our social universe, attitudes are what determine the characteristics of that model. Attitudes predict our behaviour, and are therefore integral to who we are, what we do, and why we do it. In this chapter I'll discuss how attitudes form, change, and predict behaviour. I'll discuss how they are inherently social; defined and refined in response to people in the world around us.

## Attitude formation

In 1968 Robert Zajonc (pronounced 'science') published a paper that was to revolutionize thinking about attitude formation. In his

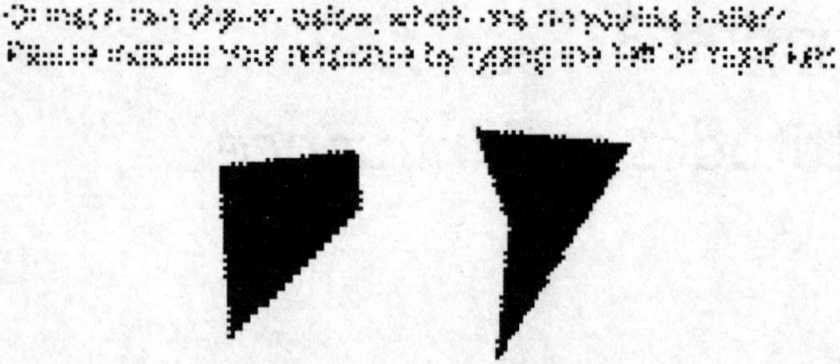

2. Zajonc's mere exposure symbols.

study participants were exposed to ten Chinese-like characters for two seconds each (Figure 2). Importantly, the characters were completely made up, and participants could never have seen them anywhere before. Each of the characters was presented for a different amount of time (five times, ten times, fifteen times, etc.). After this the participants were presented with the characters again and asked to guess whether each was a word that indicated something positive or negative. What Zajonc found was that people showed a clear tendency to like the characters that had been presented for longer durations.

There have been hundreds of replications of this 'mere exposure' effect—with a whole variety of different stimuli—from people to food to statements referring to complex social issues. The accumulated evidence leaves the veracity of the effect in little doubt: the more we see something, the more we like it.

Mere exposure represents the most basic mechanism of attitude formation: we like things we are familiar with. This makes perfect sense when we consider the basic needs that drive the social mind covered in Chapter 2. The social mind needs to construct a meaningful mental model of the world, one that enables us to predict the behaviour of others, and how social contexts work. What is familiar is predictable—so it makes sense that we would have evolved to feel good when we see familiar things. Mere exposure represents the most basic manifestation of the social mind building a predictive model of our social universe.

The effect can even explain curiosities such as how we never like photographs of ourselves, while our friends do and can't see why we don't. The reason is that we are very unfamiliar with seeing ourselves from a photographer's (external) perspective. The perspective we are much more familiar with is the mirror image of ourselves. This is because we see our mirror image all the time; and because no one is perfectly symmetrical our mirror image appears just slightly different from the view other people have of us.

While the more we see something the more we like it, this basic effect is qualified by the associated feelings that frame our experiences. Learning by association is another way that our social minds learn what to approach, and what to avoid, in the world around us. Learning by association is enabled by one of the oldest systems in the human brain—one that we even share with animals. We're attuned to detect co-variation in our environments: when two things occur at the same time, enough times, we come to expect one to lead to the other. The famous example is Ivan Pavlov's experiment where he paired a bell with the delivery of food to a dog. He found that after a while the bell on it's own was enough to elicit salivating in the dog. This is because the dog had learned that food followed the bell. Well, you can get the same learning by association in humans, and with social stimuli too.

Carolyn and Arthur Staats carried out an experiment in which participants were exposed to the words 'Dutch' or 'Swedish' simultaneously accompanied by words with positive or negative connotations. Participants were subsequently asked to indicate their feelings to a whole range of nationalities, including those associated with positive or negative words in the learning phase. Sure enough, when Dutch was paired with positive, participants subsequently felt more positive towards the word 'Dutch', and when 'Swedish' was paired with negative participants subsequently felt more negative towards the word 'Swedish'. When the experimenters reversed the pairings in the learning phase (Dutch–Negative and Swedish–Positive), how participants subsequently felt towards the nationality labels followed suit.

Notably, the effect is stronger when the positive or negative words are paired with nonsense words, suggesting that associative learning may be a more important determinant of attitudes when people have little prior knowledge of the issue, object, or person at hand. This makes sense: learning by association is how we build our mental model of the world. Once established, they can be hard to change (as we have seen with scripts, schemas and framing in Chapter 2). A mental model of how the world works is only useful if it doesn't change at the drop of a hat.



As well as the basic learning mechanism described by mere exposure and learning by association, people can form and express attitudes in a conscious attempt to exert control over their social universe. The functional theory to attitude formation argues that we actively adopt attitudes that support, develop, and define important goals that we hold. Attitudes like this can also be value-expressive. Someone who loves animals may develop strong support for the NSPCA. Conversely, the Greenpeace or LGBT rights campaigner will likely have developed attitudes earlier on that are consistent with the core beliefs that encourage their roles.

Alternatively, people can hold attitudes to fit in with groups, to build bonds and consensus, or to appease and please significant others. This is the utilitarian function—the idea that we express (and hold) attitudes to make it easier for us to form relationships. So some people might hold the same attitude as their friends to fit in. If all your friends like a particular pop star and you don't, it might make it harder to find common ground, share in conversation, and engage in shared activities. You might have a friend who gets a boyfriend who really likes football and cars, then you find they've suddenly developed an interest in football and cars too. Your parents might both be teachers and would like nothing more than for you to follow in their footsteps, so you find yourself being drawn to a career in teaching. Attitudes like this help us fulfil our goals—they are a means to an end. They might not reflect our true or privately held attitudes, but that doesn't make them any less real, or less predictive of behaviour. We'll look at conformity and social influence, and the distinction between public and private attitudes, in more depth a little later on in this chapter.

As well as exerting control over our environment, attitudes also help us to build knowledge. This knowledge function enables us to predict the world, and fulfil this basic need of the social mind. For instance, if someone hates foreign food, this might lead him or her to construct an attitude that they don't like travelling abroad (or even that they don't like foreigners, and adopt anti-immigration views, and vice versa).

Finally, attitudes can also have an ego-defensive function—for instance, someone might be racist or blame immigrants for taking all the work available as a way of defending themselves against the prospect of negative self-esteem brought on by the knowledge that one is unemployed. Remember self-serving attributions covered in Chapter 2? These can drive the formation of ego-defensive attitudes. So, forming an attitude that one's teacher is a bad teacher is a way of externally attributing failure, and so protecting self-esteem.

## When attitudes predict behaviour

The study of attitudes is interesting because it shows how we create a coherent model of our social universe. However, social psychologists don't only want to understand how people represent their social universe, they also want this knowledge to have practical use—and in particular to be able to predict how people will behave. If attitudes don't predict behaviour they are of little practical use in terms of things like education and social policy. Worryingly, early research suggested this was precisely the case!

In 1934 a psychologist called Richard LaPierre drove around the US with a Chinese couple, seeing how many hotels and restaurants would be happy to serve them. At this time in the US there was a lot of prejudice towards East Asians, so this was a study that tackled an important social issue. The idea was to see whether behaviour—in this case willingness to serve the Chinese couple, would be predicted by attitudes (the attitudes were measured later on via a telephone survey). What LaPierre found was that, despite the apparent widespread prejudice, just one out of 250 restaurants refused to serve the couple. However, a little later on, when he contacted the restaurants by telephone and tried to make a booking for another Chinese couple, he found a dramatically different pattern—90 per cent said they would refuse to serve them.



This was a shocking and quite disturbing result for a discipline attempting to establish itself as a useful social science. It suggested there was no point in studying attitudes at all because, quite simply, they didn't predict people's behaviour. Well, it turned out to be not quite as bad as all that. What emerged was that people's attitudes only predict behaviour under certain circumstances.

Actually, this makes a lot of sense. People are not one-dimensional, and as we saw in Chapter 2 behaviour is not always predicted by personality. We have to take the situation into account as well (even the biggest extrovert can show restraint at a funeral). So too it is with attitudes. They're an excellent basis for predicting behaviour, but we have to keep other factors in mind as well. For instance, to predict behaviour attitudes must be measured at the same level of specificity.

Take LaPierre's study: he contacted the restaurant owners to ask if they would serve Chinese people in general, but when he actually visited he asked whether they would serve a specific Chinese couple. Attitudes about general groups of people can be very different from attitudes towards individuals who happen to be members of that group. Another factor is social desirability. As we'll see later in this chapter, people are highly concerned with how they look in front of other people, and if there is a social norm of politeness (for example) this may override any privately held attitudes. So, you may really not like your girlfriend or boyfriend's friends—but bite your tongue when you're all together to preserve the peace!

Attitudes also change over time. LaPierre's attitude assessment occurred many months after the behaviour was assessed. As discussed, the social mind is constantly on the look out for exceptions to the rule, be they people, events, or things that make our mental models less efficient at predicting how others will behave. The social mind is a dynamic system, and one that is constantly growing, revising, and changing. Our attitudes change over time (just think about your opinions on a range of issues a few years ago—political, cultural, social—are they all the same or have some dramatically changed?). The longer the time period between assessing an attitude and measuring behaviour, the less in line they're likely to be.



LaPierre's research spawned a great deal of subsequent work on the attitude behaviour relationship, and gave rise to one of the most influential theories in social psychology: the theory of planned behaviour. According to Icek Ajzen, attitudes are one of three key predictors of behaviour, along with subjective norms and perceived control. Subjective norms are what significant others think you should do—family, teachers, boss, etc. So if giving up smoking is the behaviour, then a smoker's girlfriend wanting them to give up is a subjective norm. Perceived control is whether you can actually perform the behaviour, e.g. whether a smoker actually believes he can give up smoking. These three factors combine to predict behavioural intention, in turn predicting behaviour.

Research has embellished this core model, and other factors are important in different situations. For instance, past behaviour (e.g. habits) can make it more or less likely that a behaviour will be carried out (depending on whether they are in line with the behavioural intention). Furthermore, the link between intentions and behaviour is strengthened by encouraging people to make specific plans called 'implementation intentions'. Implementation intentions take the form: 'I intend to do [y] when situation [x] arises', so the intention is linked to a specific behaviour. Then, when the relevant situation arises, it triggers the if–then plan. Studies have confirmed the benefits of implementation intentions for goal achievement in a range of domains including health (breast self-examination) and academic performance (report writing).



## When behaviour predicts attitudes

So far we've assumed that attitudes come before behaviour in the run of things. However, sometimes attitudes can be formed, or change, after the behaviour is performed. This is through a 'meta-cognitive' process of self-perception. Meta-cognition refers to people thinking about thinking. It is like stepping back and considering 'why did I think/say/do that?'

According to Daryl Bem's self-perception theory this is one of the ways in which we form attitudes—we take a step back, look at our own past behaviour, and then infer what our attitude must be. It is a type of attribution (see Chapter 2), where we attribute causality to our own behaviours, determining whether they are driven by internal dispositional characteristics (i.e. our attitudes) or by situational constraints (e.g. 'just going along with the crowd').

For instance, if someone asks you if you're environmentally friendly you might think, 'well, I recycle at home and at school so yes I must be'. Research has found just this: ask people questions that highlight their pro-environmental behaviour (e.g. recycling) versus anti-environmental behaviour (e.g. how much lighting, heating they use) and they subsequently report themselves as a 'greener' person. However, this only happens when people don't have a strong attitude already formed on the subject at hand. For instance, a Greenpeace campaigner will likely report that they are pro-environmental however you frame the question to them.

You can even get these self-perception effects from facial feedback. Research has shown that simply being asked to place a pen in one's teeth (making one's face form a smile) as opposed to one's lips (making one's face form a frown) leads people to like cartoons more. Again, this can be seen as an illustration of attribution theory (see Chapter 2). People mis-attribute the cause of their smiling or frowning to the cartoon in front of them—the most salient situational cause available to them.

Another way in which behaviour can change attitudes is through something called cognitive dissonance. Cognitive dissonance theory was developed by Leon Festinger in 1957. It is based upon the Freudian idea that people experience psychological discomfort whenever they reflect on behaviours (they have performed) that are counter to the attitudes they hold. The theory predicts that this 'dissonance' between attitudes held and behaviours expressed will change attitudes to bring them in line with their behaviour. This is because you can't undo the behaviour (it's done, it's in the past), and so changing your attitude is the only way you can resolve the uncomfortable 'dissonance' between your attitudes and the behaviour you performed. This is, once again, the social mind seeking stability, structure, and meaning. If we don't act in line with our own attitudes, then how can our mental model of the world predict anything?

Festinger and James Carlsmith provided a compelling demonstration of cognitive dissonance in 1959. They asked participants to carry out a boring task (repeatedly turning forty-eight wooden pegs on a board for an hour). After this, half the participants were asked to lie to the next participant—to tell them that it was a fun and enjoyable task (prior testing had confirmed that participants really did find the peg task boring). After the experiment participants were contacted and asked if they really did enjoy the task. Festinger and Carlsmith found that in the baseline condition participants unsurprisingly reported that they didn't enjoy it. However, participants who had been told to lie to the next participant reported actually enjoying the task. In other words, their attitude towards the task had apparently changed because they had been asked to lie.

Interestingly, the effect disappears when, before lying, participants are given a reward (in this case $20). Festinger and Carlsmith argue that this is because people then have a justification for why they lied. Without a reward however (or when the reward is too small), the memory of what they did causes the unpleasant psychological feeling of cognitive dissonance. Because the event that caused the dissonance occurred in the past, the event itself cannot be changed, so the only way to remove this uncomfortable feeling is to change the only thing that can be changed—one's current attitude.

Attitude change through cognitive dissonance is similar to the process described by self-perception theory, but it has one crucial difference—it operates when initially a strong (as opposed to weak) attitude is held. The two theories operate in slightly different ways to serve the social mind's underlying motivation to make sense of the world. Self-perception theory applies when people are unsure of their attitude on a particular topic (i.e. they have a weak attitude). As such they infer their attitude from their behaviour as a way of reducing uncertainty; it is a way of constructing their mental model of the world around them. Cognitive dissonance applied when people already have a strong attitude about a particular topic, but they act in a way that is counter to this attitude. Here, attitude change occurs as a way of modifying their mental model of the world around them. This is important so the model can maintain its predictive utility. Attitudes are not much use if they don't predict behaviour, and attitude change through cognitive dissonance is a way of maintaining this critical function.

## Persuasion

So far we've looked at how attitudes form or change due to either internal desires, or people reacting to events in their environment. Sometimes, however, other people are involved. In other words, someone is trying to persuade us to change our attitude.

In contrast to the attitude change we've just discussed, persuasion is attitude change as the result of intended external influence. While cognitive dissonance and self-perception are both instances of attitude change as a result of internal self-reflection, persuasion is attitude change after being exposed to someone else trying to change our attitude. One of the best-known models of persuasion is the elaboration-likelihood model (ELM) proposed by Richard Petty and John Cacioppo in 1986. The ELM is a dual-process model just like Fiske and Neuberg's continuum model of impression formation that I discussed in Chapter 2. In other words, it is derived directly from the 'motivated tactician' view of the social mind, here applied to attitude change.



According to the model, persuasion can occur through two processing routes: a central route and a peripheral route. When the central route is taken then persuasive messages are processed in a systematic and analytic way (high 'elaboration'). This is the naïve scientist in action. Central route processing might occur when the issue at hand is really important to us. Here the information is scrutinized and we come to a logical and rational conclusion, very much like the processes outlined by Kelley's co-variation model of attribution. If, in contrast, the peripheral route is taken then we act like cognitive misers. So rather than devoting mental energy to scrutinize arguments we are persuaded by quick and easy cues like how attractive the person trying to persuade us is. This is a heuristic way of thinking just like reliance on perceptual salience to make attributions (see Chapter 2).

Whether we take the central or peripheral route depends upon things like how much time and information we have available and how motivated we are. However, there are other peripheral cues like humour and mood that can determine which route is taken. For instance, evolutionary psychologists have speculated that a negative mood signals something wrong with the environment, so this triggers an increase in attentiveness (high elaboration) in order to identify any possible threats to survival. In contrast, happy people tend to use the peripheral route. This suggests that happy people are more susceptible to weak cues like attractiveness.



Another factor is issue involvement. When the outcome of argument has important consequences for the self the central route is taken. For instance, if your response may be scrutinized by others and lead to social approval/disapproval. Individual differences are also important. Someone with a high need for cognition (a preference to engage in effortful thought) will, if the information is available, be more likely to take the central route. Similarly, self-monitoring (the degree to which someone is concerned about the views of others) will gravitate people to processing via the central route.

Finally, factors like speed of speech are influential. For instance, if the person trying to persuade us is speaking rapidly this makes it difficult to process the content of what they are saying. This can then compel people to process the message using the peripheral route.

Importantly, whether the central or the peripheral route is taken does not determine whether the person will be persuaded. In other words, people are not just more persuaded when they use the central route rather than the peripheral route. Rather, whether someone is persuaded or not depends upon whether the central route or peripheral route cues are compelling.

So, rapid speech may make someone take the peripheral route (the information needed for systematic processing is simply not available)—but whether the person is persuasive or not depends upon what makes those peripheral cues compelling, factors like source attractiveness and credibility. However, attitudes formed via the peripheral route are weaker, less resistant to counter argument, and less predictive of behaviour than central route attitudes.

## Social influence



An important observation about the research discussed so far is that, for the most part, it has focused on situational or internal drivers of attitude formation. Mere exposure and associative learning are situational drivers (the amount of exposure to the attitude object). Self-perception and cognitive dissonance are internal, meta-cognitive processes (thinking about one's behaviour, and whether it reflects one's attitude). Finally, persuasion is attitude change as a result of a persuasive message—someone trying to change our attitudes. The latter represents the most 'social' influence on attitudes; that is, attitude change that results from interacting (in a broad sense) with other people. In the remaining part of this chapter we are going to delve more deeply into this type of social influence.

## Social norms

While persuasion involves someone trying to change our attitudes, sometimes attitudes can change simply because we are in the presence of others. Social psychology is all about groups, and some of the very earliest experiments looked at how other people affected our internally held attitudes. In fact, some would argue that Musaf Sherif's 1935 study on norm development sums up what social psychology is all about—the great impact that other people have on our attitudes, values, and behaviour.

In Sherif's study, participants were asked to sit in a dark room with a single dot of light projected in front of them. Sherif was making use of an established perceptual illusion—the 'autokinetic effect'. This effect describes the tendency of light to appear to move when there is no reference point (e.g. a dot of light in a dark room). The participants' task was to estimate how far the dot of light was oscillating back and forth. They repeated this judgement on a number of trials, over and over again.

When participants did this task on their own they all came up with slightly different estimates of how far the dot was moving in its oscillations (this is the nature of the illusion; in fact it is not moving at all). However, when they were asked to do the task with other people present, something extraordinary happened—their estimates began to converge. On successive trials the estimates participants made moved closer and closer to a common norm.

This was one of the first ever demonstrations of social influence, and when you think about it, it's really quite striking. We all like to think our attitudes are our own, and that they are unaffected by those around us (especially strangers). Here, however, is a clear demonstration that what participants thought were their own objective judgements were actually an emergent property of the social context. Participants were blissfully unaware of the influence the context exerted on what they believed were accurate judgements.

Sherif's classic study opened up a whole new area of social influence research, and profoundly illustrated the power of others to affect our attitudes. With persuasion we usually know someone is trying to change our minds (at least if we are paying attention, and processing the message via the central route). Here, participants had no idea about the effect other people were having on their judgements, and this is what makes social influence so important and powerful for understanding everyday social cognition.

Think about the last time you were debating something in a group and came around to the majority view being expressed by others in the room. Was it because everyone came to an agreement based upon the key facts and systematic processing of the information? Alternatively, was it because of social norm pressures, guiding you to think you were coming to a reasoned decision, when in fact there was unseen social influence exerting an effect?

Interestingly, the rate upon which people converge on a group norm increases the more uncertain people are about the task. This convergence can be seen as an illustration of the social mind attempting to build a mental model of its social environment. The participants in Sherif's experiment didn't have much information, so could not systematically and rationally process the relevant information. Instead they had to look for cues to make a quick, approximate judgement. In Chapter 2 we saw how people expect others to share their attitudes with the false consensus effect—here the process works the other way. Participants could not be sure of their judgement so they looked to the judgements of others as a guide.

But what about when we are not uncertain about the judgements we're giving? What about when we have a clear belief that we are correct, and everyone else is wrong? Is there still social influence when there is no uncertainty? The answer is yes, and to a surprising degree.

## Conformity

In 1951 Solomon Asch carried out what was to become one of the defining experiments of social psychology. In his study

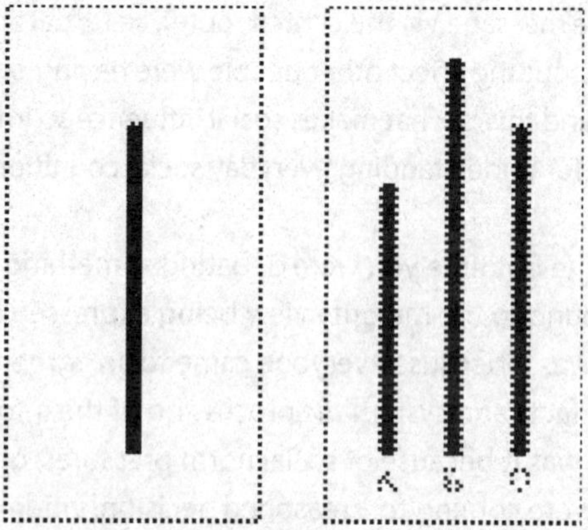

3. Comparison lines used in Asch's conformity study.

participants were asked to carry out a visual perception experiment, similar to the one carried out by Sherif's participants. Here, participants were required to compare a standard line with three comparison lines, and on successive trials call out which of the three comparison lines matched the standard line in terms of length. To test the effects of social influence, six other people were present. These people were not genuine participants like they were in Sherif's study, but in fact confederates of the experimenter. In other words, unbeknown to the single genuine participant, the six other participants were in league with the experimenter and were responding throughout to a pre-prepared script.

The experiment went as follows. On each trial the standard line was presented followed by the comparison lines (Figure 3). All of the participants, who were sitting around a table, called out their answer one by one. They called out A, B, or C depending upon which of the three lines they thought matched the standard line.

Five of the confederates called out the line before the participant. Where it got interesting was that after the first two trials, the confederates began to give what were clearly incorrect answers.

For instance, they would say, 'line B' when line B was clearly an inch or so longer than the standard line, and where line A was clearly the correct answer. Furthermore, it was not just one confederate giving the incorrect answer—they all began to.

A key difference between Asch's line estimation experiment and Sherif's light estimation experiment is that in Sherif's study there was no clear answer (in fact any movement of light they perceived was an illusion). In Asch's study the correct answer was obvious. This was confirmed when participants completed the study on their own—they all chose the correct comparison line 99 per cent of the time.

So what would you do in this situation? Do you believe your ears (the wildly incorrect answer being given by everyone else) or do you believe your own eyes? The results were astounding. What Asch found was that participants gave an incorrect response on 37 per cent of the trials. In other words, when the confederates gave what the participant knew was a clearly incorrect answer, participants ignored their own eyes and also gave this incorrect answer. In fact, 76 per cent of participants went along with the incorrect majority on at least one of the trials.

So why did people conform? There are two types of social influence. One is informational influence. This is what was operating in Sherif's light estimation experiment that I discussed earlier. Informational influence is using other people's attitudes as a rule of thumb when you're uncertain about what response to give. It is the social mind seeking to build a mental model of the situation.

That's not what was happening in Asch's study though—everyone got the judgement correct when they were on their own, so they clearly knew the right answer. Here a different type of influence was operating: normative influence. Normative influence is the desire to simply 'fit in'. When we stand out from the group, when we don't fit in, or when we are highlighted as being different, we find this aversive. In fact, research shows that it literally hurts. Brain-scanning studies have shown that the physical pain centre of the brain is activated when we are excluded from groups.

This makes a lot of sense from an evolutionary point of view. Groups were always adaptive for a social species like humans. In our ancestors' world to be included in the 'tribe' was to feel secure and safe from danger, but to be excluded meant a serious survival problem (we'll discuss the primitive, visceral impact of social exclusion in more depth in Chapter 6).

In subsequent studies, various factors that strengthen or weaken conformity were uncovered. For instance, the greater the number of people present, the stronger the normative influence. Research has shown that the percentage number of trials on which people conform increases up to about three people, then levels off at about 37 per cent. Variants of the original study have shown that when you maximize conditions that promote informational influence you get increased conformity (e.g. the standard line doesn't remain visible when the judgement is required, making the whole task more uncertain). Importantly, this shows that informational influence can operate when you make the task more uncertain, but the effect is independent from normative influence. In other words, it is not that as informational influence increases normative influence decreases. Uncertainty doesn't decrease the desire to fit in, if anything it makes it even more important.

The two types of influence can also be distinguished by the effect they have on private versus public attitudes. Remember that in Asch's experiment it was the publically expressed attitude that changed—participants didn't really change their beliefs about the length of the line, they just wanted to avoid being the odd one out. Normative influence (when things are certain and clear, but there is group pressure) changes public but not private attitudes—this is known as 'compliance'. Informational influence (when the task is difficult, there is little info, or the participant is uncertain) changes both public and private attitudes—this is known as 'conversion'.

Further variants of the Asch study revealed other interesting phenomena to do with conformity. Most notably, social support that breaks the consensus dramatically decreases conformity, even if it is just one of the confederates who agrees with the participant. This is the case even if the confederate does not agree with the participant (i.e. they are still giving an incorrect answer, it is just that they are also diverging from the majority). What is important here is the breaking of social consensus. However, if the defector then switches back to the majority, conformity returns to the pre-break level. Social support is a powerful tool for resisting conformity, but the minority consensus it builds is fragile (there is apparently a lot of truth to the old adage 'divide and rule').

## Minority influence

From the research discussed so far you might think that majorities always get their way, but sometimes psychological processes can conspire to elicit powerful minority influence. Serge Moscovici carried out another visual perception experiment to investigate social influence, but this time with the minority as the influencer.

In his study, participants were shown a series of either green or blue slides. The task of the participant was to call out whether they thought the slide was more blue or more green in hue. While all of the slides were technically more blue than green, the hue did vary so that the decision was not immediately obvious. There were four genuine participants (the majority) and two confederates (the minority). Moscovici found that the majority group of genuine participants did indeed change their responses in line with the minority 8 per cent of the time—but only when the minority was consistent in its dissent.

Minority influence can be explained by a combination of processes that we've seen already in this book. First, the majority will implicitly know that the minority will be facing normative and informational influence pressures here, and yet they are still going against the majority—risking exclusion, ridicule, and dismissing the informational advantages of going along with the majority. What will the majority do here, when they see a consistent minority constantly banging on about their divergent point of view? Well, this is a prime example of where people engage in an attributional process (as discussed in Chapter 2). Where minorities show dissent the majority will engage in an attributional process to try to work out why the minority is behaving in the way that it is. Given that the minority is ignoring the situational influence (the majority), this suggests a dispositional attribution.

Of course, that dispositional attribution could be that the minority are simply 'quirky' or 'mad'. This is likely if the minority is inconsistent in its view; or when there is just one dissenter. However, when the minority, albeit small, is united, and consistent, this can lead to a dispositional attribution of confidence. It promotes the notion that, just maybe, the minority has some insider knowledge, or valuable insights, that put it in a privileged position relative to the majority. In short, if you want to change people's minds, then be coherent as a group, united, and consistent.

While majorities, as we have seen, typically change public but not private attitudes through normative influence, minorities stimulate greater elaboration (i.e. systematic or central route processing, as outlined by the ELM). This leads to greater scrutiny of the issue at hand. This is why encouraging dissent, 'speaking out', and diversity, is seen as healthy for group decision-making. In fact, suppressing minorities can lead to something called 'groupthink'—which can stifle creativity and lead to serious errors in judgement. Minority dissent steers people away from heuristics, encouraging conversion rather than simply compliance.

Relatedly, studies have shown that minorities promote something called divergent thinking—a particular kind of systematic thought that enables creativity and innovative thinking. The point is that simply having minorities around is useful because it stimulates more in-depth thinking and creativity, and enables multiple viewpoints to be considered. Usually this will lead to higher-quality decisions being made. For instance, studies have found that juries required to come up with a unanimous decision (rather than just a majority decision; so they have to debate and consider alternative minority opinions within the group) took longer and examined the case evidence in more detail. Even if the decision does not change to the minority view, their presence will have meant the eventual decision was the result of a more considered and careful process.

## Leadership

Perhaps the ultimate minority influence is leadership—the power of one to change the attitudes, abilities, and aspirations of a group. Early research on leadership in social psychology focused on personality factors; in other words, what individual qualities make someone a good leader. For instance, studies have found that leaders have qualities like extroversion and conscientiousness rather than neuroticism. However, as well as these more general personality traits there are also different leadership styles upon which potential leaders can vary.

Three styles of leadership have been identified: autocratic, democratic, and laissez-faire. Autocratic leaders focus on creating a structured, rule-based environment and show little interest in developing relationships with members of the group. In contrast, democratic leaders develop a communal, relational structure in which group goals and objectives are decided through discussion and negotiation. Finally, laissez-faire leaders have little directive or democratic involvement with the group, leaving them to get on with the task at hand, and only getting involved if necessary.

Research has found that followers generally prefer the democratic style over the other two, because it fosters a co-operative, productive culture in which group member contributions are valued and developed. In contrast, autocratic leaders tend to foster a more aggressive, negative environment and productivity is only high when the leader is present to enforce the rules. Laissez-faire leaders are also unpopular because, while they create a positive, relaxed atmosphere, the lack of structure and focus can have a detrimental impact on productivity. Democratic leaders seem to offer the best of both worlds—the task-focused approach of autocratic leaders combined with the socio-emotional approach of laissez-faire leaders.



While the broad benefits of these three types of leadership style appear clear, research has also found that different situations can benefit from different types of leader. When leader–member relations are positive, the task is well defined, and the authority of the leader is legitimate, then socio-emotional styles like democratic and laissez-faire seem to work well. However, when the relationship between the leader and members is poor, the task ill defined, and the authority of the leader questioned, then more task-focused approaches are required.

Leader–member exchange theory goes even further than this, and suggests that leader effectiveness depends precisely on the relationship developed between the leader and followers. Thus, high-quality relationships result in trust, liking, and respect—developing an intrinsic motivation for followers to work for the group goals espoused by the leader.

According to social identity theory (which I'll discuss more in Chapter 5), good relations can also encourage followers to 'depersonalize'; that is, come to see themselves less as individuals and more as group members—more readily adopting the goals of the group. Similarly, leaders who have depersonalized to the core qualities of the group are seen positively because there is a good fit between their characteristics and the social identity projected by the group.

## Social facilitation

As we've seen, attitudes predict behaviour (under the right conditions), but sometimes being in a group has a direct effect on behaviour that is unmediated by attitudes. The study of group processes is an area of social psychology that intersects with the sort of social influence studies discussed in this chapter, but with a greater focus on group productivity and performance.

As discussed in Chapter 1, the phenomenon of social facilitation was investigated in the first ever social psychology experiment. Norman Triplett was interested in whether, in the presence of others, people perform better at whatever task they do (be this athletics, music, or work-based tasks). Triplett asked his participants (who were school children) to turn fishing reels as fast as they could. In one condition the children were asked to carry out the task individually, in the other in pairs. What he found was when the children performed in pairs they turned the fishing reels far more quickly than when they were asked to do the task alone.

Subsequent research has attempted to develop theories to explain social facilitation effects. A prominent explanation is evaluation-apprehension. Evaluation-apprehension is not so different from normative influence—it is anxiety at the thought of being judged by a crowd. Here, however, the focus is on performance (behaviour) rather than attitude expression. The idea is that evaluation-apprehension causes heightened physiological arousal (heart rate, adrenaline, etc.), which stimulates the body to perform simple actions more quickly (e.g. clapping loudly, riding a bicycle).

This increases people's capacity to make a dominant (well-learned) response.

In support of this theory, studies have found that when audiences are blindfolded, the facilitation effect disappears. However, the effect has even been observed in animals such as insects, and chickens lay more eggs when other chickens are around. Evaluation-apprehension cannot explain social facilitation effect in animals, who presumably aren't concerned with making a good impression! Some researchers have therefore suggested that while concern about being judged may well increase physiological arousal, some arousal occurs simply through being around others—which can account for both the human and animal observations.



Arousal explanations also explain why sometimes a social facilitation effect occurs and sometimes the opposite is observed—a social inhibition effect. Research has found that while the presence of others enhances the speed with which people perform simple tasks, it inhibits task efficiency in more complex tasks. For example, in the presence of others people clap more vigorously, but are less likely to successfully complete a maths test. Since simple tasks are easy and well learned we tend to see social facilitation on these types of behaviour rather than more complex behaviours.

Strong support for the dominant response idea comes from the observation that experts show social facilitation on complex tasks. For instance, pool players have been found to play pool better with an audience than without, and the same can be said for many sports (performance being optimal 'on the day'). This is because for experts even complex behaviours are well learned within their domain of expertise.

However, in humans task-difficulty is not the only thing that determines whether the presence of others increases or decreases performance. The other thing is whether people are being evaluated individually, or whether the unit of assessment is the group. This distinction lies at the core of another classic social psychological phenomenon called social loafing.

## Social loafing

Social loafing is a reduction in individual performance when efforts are pooled and so cannot be individually judged (in contrast, social facilitation occurs when individual output within the group setting is being assessed). The phenomenon was demonstrated in a classic study by Bibb Latané in 1979.

In Latané's study, six participants were asked to sit in a circle. Each was blindfolded and wore earphones with shouting voices being played through them. The participants' task was to shout as loudly as possible. The experimental manipulation was that they were told that they were shouting either with just one other person or within a group (in fact, it was always just the participant shouting on their own). What Latané found was that participants shouted less loudly when they believed they were shouting within a group (versus with just one other person). This social loafing phenomenon shows how our contribution can very often, literally, be 'lost in the crowd'.

Latané proposed that social loafing is a consequence of a more general phenomenon in social psychology—diffusion of responsibility. Diffusion of responsibility describes how in a group individuals are less likely to feel personally responsible for the outcome (especially if their contribution can easily get 'lost in the crowd'). Here, it explains the group dynamics when people are not individually judged for their performance in a group. Because each individual is less personally responsible, and will not be evaluated, there is less of a compulsion to perform well (as well as less evaluation-apprehension).

Diffusion of responsibility can have some serious, even life-threatening consequences. In March 1964 Kitty Genovese was walking home through Kew Gardens in Queens, New York. She was attacked by a man with a knife, and tried to fight him off while screaming for help. No one came to help, despite thirty-eight local residents admitting they heard the screams. Kitty died after being stabbed eight times. The case of Kitty Genovese stimulated a great deal of work by social psychologists to understand when people don't intervene and help in an emergency.

Latané and John Darley carried out an experimental study to try to model the processes involved in this bystander apathy effect. Participants arrived in the laboratory either on their own, or with two other participants. After a few minutes smoke started to fill the room. The research question was how long would participants wait to raise the alarm? The findings demonstrated the huge power of people to, sometimes, inhibit action. While 75 per cent of participants raised the alarm almost immediately when alone, when two other genuine participants were in the room only 38 per cent took any action. When there was a confederate who remained seated and seemed totally unconcerned with the smoke rapidly filling the room, only 10 per cent were stimulated to action.

In a subsequent study the researchers aimed to model more closely the Kitty Genovese murder, by making the emergency about someone else. Would participants help in the presence of others? They set up a situation in which a participant would hear a fellow participant in another room having an epileptic seizure (in fact, the fellow participant was a confederate and the seizure was faked). While 85 per cent of participants raised the alarm immediately when alone, only 64 per cent did when there were two others present, and only 31 per cent when they believed four others were present. This diffusion of responsibility effect has even been found to occur when people simply imagine being in the presence of others.

So that's social influence. In the next chapter I'll go on to talk about when social influence can turn bad—how obedience can lead people to commit terrible acts of cruelty, and how social events and social pressures can lead to aggression towards, and oppression of, minority groups.

# Chapter 4
# Obedience, oppression, and aggression

Why do good people do bad things? Continuing on from the discussion of conformity, in this chapter I'll talk about a particularly pernicious form of social influence: obedience to authority. I'll show how social power and the situation interact to compel normal people to behave in extraordinarily bad ways. I'll then extend this discussion to look more generally at the nature of social oppression. Is there is a 'prejudiced' personality, and are some people just predisposed towards aggression and intolerance towards minorities? I'll show that while some people are more prejudiced than others, this cannot explain the widespread and pervasive nature of prejudice in modern society. Rather, there are psychological processes that provide the potential for prejudice in us all. I'll show how social psychology has helped us to understand the nature of prejudice, and has provided new ways of tackling this pervasive social problem.

## Obedience

In Chapter 3 we discussed Asch's classic conformity studies. We saw that people's attitudes, at least the ones they express openly, can change in response to normative influence. In other words, people sometimes go along with a group simply to avoid being excluded or left out. However, there is another, more insidious form of social influence that has revealed the darkest side of human nature: obedience to authority. Behaving in line with explicit orders (rather than implicit norms propagated by the group) can be thought of as an extreme form of conformity.

Stanley Milgram's studies of obedience are among the most famous in social psychology. This is not just because they so dramatically revealed the great impact of social influence, but also because they raised questions about ethical procedures in psychology experiments. These questions have shaped modern-day policy on what, and what should not, be allowed to happen to participants in the course of experimentation.

In Chapter 1 I talked about how much social psychology was motivated by efforts to understand the atrocities committed during World War II. Milgram's work was motivated by the strong desire to understand (and help to prevent) these most pernicious of human behaviours. Milgram was concerned with what could have driven Nazi soldiers to commit such atrocities against the Jews during the Holocaust. In particular, given that we like to believe that humans have a highly evolved sense of right and wrong, how could guards have followed orders that would result in the suffering and death of millions? At Yale University in the 1960s, Milgram set up a series of controlled experiments of obedience to attempt to answer these questions.

Just like many of the experiments described in this this book, there was a confederate and a genuine participant. In the study, which was ostensibly about learning, the participant was required to test a fellow participant on whether they had been able to successfully learn a series of word pairs. In reality, the second participant (the 'learner') was a confederate, following a script written by Milgram.

Here's how the study went. The real participant sat in one room, the confederate in another. The participant was required to read out a series of word pairs to see if the confederate learner had correctly memorized them. Questions and answers were given through an intercom. Each time the learner got a pairing wrong, the 'teacher' (who was the genuine participant) was required to give them an electric shock. The shocks were not real, but the participants believed they were, and to reinforce the deception the confederate learner followed Milgram's script: they screamed and protested with every shock that was delivered (the participant was told that the shocks also got more intense with each incorrect answer). Added to this, the confederate learner indicated at the start of the experiment that they had a heart condition (of course, they did not—this was just to increase the apparent impact, and danger, of the increasing shocks being delivered by the participant).

For each participant tested the script was the same. After getting a few word pairs correct the learner began to get them wrong. As such, the participant was required to give the learner increasingly intense electric shocks. At the 150-volt shock level the confederate learner began to protest '"Experimenter! That's all! Get me out of here... my heart's starting to bother me now. I refuse to go on!' At 180 volts the learner shouted out that he could no longer stand the pain, and at 300 volts he slumped into silence except for screams of pain with each successive shock. From 330 volts there was simply silence.

Before the study began the expectation was that most people would, on their own, begin to feel uncomfortable issuing the electric shocks to someone who was obviously in pain. What Milgram wanted to see was what would happen if an authority figure persistently ordered a participant to continue issuing the shocks. As such, all the way though, at any protest from the participant, Milgram simply replied with phrases ordering the participant to continue shocking the learner with phrases like 'please continue' or simply reiterating 'treat non-responses as incorrect'.

Now put yourself in this situation—what would you do? Most of us would like to believe we have a good sense of right and wrong, and would stand up to such orders, regardless of who was giving then. Don't forget that as far as the participants were concerned, the learner had a heart condition—continuing to shock this poor man might well end up killing him!

Beforehand Milgram carried out a survey to get baseline beliefs about how far people would go in obeying the authority figure in this study. He asked college students, middle-class adults, and psychiatrists the question. Unsurprisingly, most respondents thought participants would refuse to continue after the first protests from the learner. Psychiatrists predicted that only 0.1 per cent of people would follow Milgram's orders completely up to the maximum shock labelled 450 volts: ' XXX—Danger severe shock' (Figure 4).

It turned out everyone was quite wrong. While 86 per cent of participants were predicted to have refused the order by 210



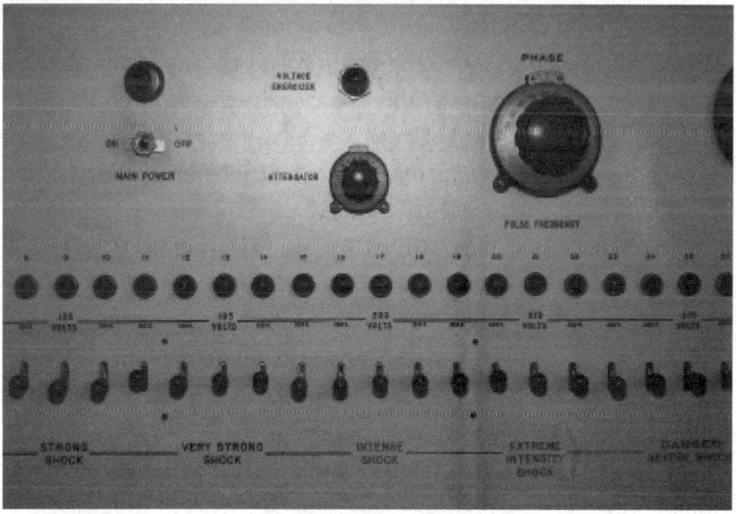


4. 'XXX—Danger severe shock!' Milgram's shock box.

volts—in fact not a single person had. 96 per cent should have refused at 315 volts (when the screaming began), but only 22.5 per cent had. 65 per cent of participants obeyed Milgram right up to the maximum 'danger severe shock' level.

Why did people obey right up to these levels? According to Bibb Latané it's all to do with social impact. According to his theory, Latané argued that social influence depends on three key factors: number, strength, and immediacy. Each of these can add power to social impact, and the analogy Latané used was of a dark room to which one gradually adds more light bulbs. So, the higher the number of light bulbs you have, the brighter the room. Regarding strength, the higher the wattage of the bulbs, the brighter the room will be. Finally, take immediacy: the closer you move a light towards a wall, the brighter will the light appear.



Social impact theory provides a framework for predicting the effects of obedience. In Milgram's study the person exerting influence was apparently a respected scientist (with a white lab coat, serious demeanour) and the study was carried out in a highly respected institution: Yale University. Remember Zimbardo's Prison Experiment from Chapter 2, where the randomly assigned participants immersed themselves in the roles of prison guard and inmates so incredibly quickly? This is similar: the perceived social role assigned to the person giving the orders afforded them a huge amount of social impact strength, and that meant greater social impact when it came to giving orders. Even though there was just one person giving the orders (so the social impact number was low), Milgram gave these orders in the same room as the participant. This meant there was high immediacy, further increasing the social impact. Correspondingly, subsequent studies found that obedience was dramatically reduced (to 40 per cent) when Milgram gave the orders in another room, through an intercom.

Notably, obedience was also reduced when there were pairs of learners; that is, the participant had social support. Remember the Asch conformity study from Chapter 3? There conformity dropped when social support was evident. It's the same here: the social impact number is relative, which means social support can dramatically reduce obedience.

## Infrahumanization

While social impact theory describes the conditions under which authority figures can exert social influence, it doesn't explain the psychological process involved. In other words, what goes on in people's heads that allows them to follow orders that are so fundamentally in conflict with moral and ethical codes? Research on infrahumanization shows how people can possibly come to justify such acts to themselves.

Emotions can be divided up in to two different types: primary and secondary emotions. Primary emotions are those that both humans and animals are perceived to share; for example, joy, surprise, fright, sadness. Secondary emotions are more complex and seen as unique to humans, so are used to distinguish humans from animals: for example, admiration, hope, indignation, melancholy. Infrahumanization describes the tendency to attribute uniquely human secondary emotions to other people or groups to a lesser extent than to oneself or one's own group. Infrahumanization therefore describes the process of dehumanizing others.

Understanding infrahumanization is important because it can be used to justify treating members of particular social groups in terrible ways. This is because if one group of people is believed to be 'less than human' then it makes it easier to argue that they should not be afforded the same rights as other people. Growing evidence demonstrates the different ways in which infrahumanization has been applied to certain ethnic minorities, and how this process can serve to justify the most heinous forms of discrimination.

In 2007 Amy Cuddy and colleagues demonstrated the importance of infrahumanization for understanding reactions to a major tragedy in the US. The authors approached participants two weeks after Hurricane Katrina which hit New Orleans in August 2005, flooding 80 per cent of the city, claiming at least 1,800 victims, and leaving around 60,000 residents homeless. White, black, and Latino Americans were presented with a fictional news story about a mother who had lost a child during the hurricane. Participants were subsequently asked what emotions they thought the mother would be feeling, and whether they intended to volunteer for the Hurricane Katrina relief efforts. Cuddy and colleagues found that white participants thought the mother experienced more secondary emotions if she was identified as white than if they were identified as black. In other words, they engaged in infrahumanization on the basis of race. Furthermore, participants who didn't infrahumanize were more likely to say they intended to volunteer in the relief effort.



Other research using brain-scanning technology has found infrahumanization is related to the activation of specific brain regions. The research found that when highly stigmatized groups (i.e. drug addicts and the homeless) were described without reference to secondary emotions there was an absence of activity in the medial prefrontal cortex (mPFC)—an area associated with advanced social cognition. In fact, the mPFC was activated for a whole range of social groups except stigmatized minorities. In contrast, these minorities activated the insula and amygdala, which are regions that typically 'light up' when someone feels disgust. This provides a biological mechanism that explains how infrahumanization works, and how people can come to justify prejudice and intolerance towards minority groups. Infrahumanization actually leads to lower activation of brain regions normally associated with identifying and interacting with other people, and distinguishing them from non-animate objects.

## The authoritarian personality

Milgram's work suggested that good people can be compelled to do bad things due to social influence exerted by a powerful other. The research on infrahumanization further helps explain how they can then justify such acts of immorality to themselves. But what about the person giving the orders? Can we attribute prejudice and intolerance to just a small minority of the population who hold extreme views and ideologies and are, in turn, adept at influencing others?

Early social psychological theories were designed to try to understand how terrible events like the Holocaust could have occurred. The focus of these early theories was on the type of person who might hold extreme prejudiced views, and seek power and influence over others in their expression. Probably the most famous of these personality theories was Adorno's concept of the authoritarian personality.

Adorno's work was motivated by the desire to understand (and help to prevent) the atrocities of World War II. While they shared a goal, Adorno's approach was different from Milgram's. Milgram believed people obeyed immoral orders as a result of a particular constellation of factors in the context (e.g. a cultural norm where hierarchy is respected unquestioningly). In contrast, Adorno believed that such hatred could only have resided within a tiny minority, and that these 'authoritarians' were the way they were because of how they had been brought up. Like several other theories described in this book (e.g. cognitive dissonance in Chapter 3), there was a strong Freudian influence here.

According to the theory, children exposed to overly strict parenting methods come to develop a repressed hatred for authority. In line with Freudian principles of repression, because this hatred cannot be directed towards the parents (for fear of punishment), it is redirected towards weaker targets. This repressed hatred continues in to later life and is manifest in prejudice towards minority groups such as immigrants. This is because such groups are weaker social targets upon whom it is easier to release the frustration and hatred built up towards (parental) authority figures. Along with this, because the individual has learned to hide their true feelings, they end up displaying an overly deferential attitude to authority, rules, and hierarchies.

While intellectually brilliant, empirical evidence ultimately didn't support Adorno's theory. In particular, it could not account for situational, cultural, or historical variations in prejudice. For instance, some research found that while 60 per cent of Virginia miners followed racial segregation above ground, they were socially integrated below ground. In other words, the white and black co-workers would get on and show incredible camaraderie while in the mine, but as soon as they were out in wider society—where racial prejudice was rife—they would practically ignore one another. If there was such a thing as a prejudiced personality, this implies an invariant approach to thinking about groups and minorities, but here was clear moderation of behaviour due to the situation. Other research from this time found that southern US states with larger black population ratios had stronger anti-black attitudes but similar authoritarianism scores to states with smaller black population ratios. This variation in the culture of prejudice across states implies that a simple personality inventory is insufficient to capture the true nature of prejudice. Finally, personality theories cannot explain the nation-wide escalation of prejudice observed throughout history, such as the rapid the rise of anti-Semitism in 1930s Germany.

Although individual differences cannot explain prejudice on a societal level, clearly some people are more prejudiced than others and the theory has been valuable for developing personality theories in the social and political sciences. A contemporary example is social dominance orientation, a personality theory proposed by Jim Sidanius. This theory puts forward the idea that our societies are defined in part by implicit ideologies that either promote or attenuate status hierarchies, and that people can vary in the extent to which they either accept or reject these ideas.

According to Sidanius and colleagues, people who are high in social dominance orientation strongly favour social hierarchies, and will behave in ways designed to preserve and maintain the hierarchical system. Social dominance orientation has, for example, been found to predict sexism, nationalism, and ethnic prejudice against a range of different minority groups and among samples from a range of countries including the US, Canada, Mexico, Israel, and New Zealand. There is also evidence that people high in social dominance orientation support suspension of civil liberties, and are opposed to immigration and gay rights. These effects remain even after controlling for a wide range of other individual difference factors including self-esteem, need for structure, neuroticism, psychoticism, traditionalism, and several demographic factors.

While undoubtedly some people have prejudiced personalities, ultimately the concept is limited in explaining the prevalence of prejudice in modern society. This is because personality theories cannot account for the impact of context on prejudice, nor the rapid, culture-wide shifts seen historically and over time. There is, however, research that identifies more general mechanisms of the social mind that promote intolerance, prejudice, and infrahumanization. Instead of focusing on personality factors that might predict prejudice, these models identify social and cultural conditions which can trigger aggressive attitudes and behaviour.

## Catharsis

According to cathartic models, everyone has the capacity to commit aggressive acts. Frustration builds and builds until it needs an outlet. When the pressure is too much, aggression is the release of this frustration. Like the authoritarian personality, Freudian psychoanalytic principles lie at the core of this idea. The best-known cathartic approach is the frustration-aggression hypothesis (FAH). The idea is that frustration is taken out on minority targets, who are seen as scapegoats, because they provide an easy vent for frustration.

Archival evidence for the FAH comes from a study by Hovland and Sears. They found that lynching of African Americans in the late 1800s increased when the price of cotton decreased. Low cotton prices indicated economic depression, which according to the FAH led to frustration, which in turn led to aggression. This relationship can also be observed today in the apparent link between economic hardship and calls for a tightening of immigration policy, and where social and economic deprivation have been linked to a range of conflicts around the world (such as the 1999–2001 war in the former Yugoslavia).



Although frustration can be the cause of aggression and oppression, other social psychological theories highlight alternative processes. For instance, in his excitation-transfer model Berkowitz suggested a cognitive priming process (see Chapter 2). So, you may be frustrated and angry from an argument you had at work, and then arrive home to snap at your partner when he or she asks how your day has been. This could be explained by displaced frustration, but it could equally be that the anger you felt at work 'primed' a more general angry state that then framed your interaction with your partner. In the same way, excitation-transfer could explain why anti-immigration sentiment increases during economic hardship, providing an alternative to the Freudian cathartic explanation.

## Illusory correlation

The excitation-transfer model draws on cognitive theories rather than psychoanalytic theory. This cognitive approach also offers a further explanation for intolerance and oppression. Specifically, minority groups can be scapegoated because of the tendency of the social mind to take cognitive shortcuts. Illusory correlation is the belief that two variables are associated with one another when in fact there is little or no actual association. It is another manifestation of the social mind attempting to build a predictive mental model of how the world works.

In their classic experiment Hamilton and Gifford asked participants to read information about people from two fictitious groups, Group A and Group B. Group A represented the majority and Group B represented the minority. A key assumption was that people would be exposed to twice as many 'behavioural data points' for majorities than minorities, so to model this twice as many behaviours were provided to describe Group A than Group B. Importantly, while the minority Group B had half as many behaviours as the majority Group A, there were also half as many negative behaviours as positive behaviours for each group. This meant twice as much of the information about both groups involved positive behaviours versus negative behaviours. In other words there was no actual correlation between group identity and the proportion of positive versus negative information.

What Hamilton and Gifford found was that after exposure to this information, and when asked to subsequently recall the behaviours presented for both groups, participants recalled a disproportionately high number of negative behaviours for Group B than Group A. In other words, participants perceived an 'illusory' correlation between the minority group and negative behaviours.

This illusory correlation can be explained by a specific cognitive shortcut called the representativeness heuristic. Using the basic belief that things that co-occur are linked (i.e. predict each other), people make the assumption that minority groups will possess more negative behaviours. Minority groups are small; negative behaviours infrequent; therefore minority groups must also be negative.

These illusory correlations are readily apparent in the media, for instance between Muslims and terrorism, or between black people and gun crime in the US. However, illusory correlation cannot account for how negative stereotypes develop when there is no majority (e.g. gender stereotyping). This is where learning theories come in.

## Associative learning

We saw in Chapter 3 how people can readily learn to associate positive and negative feelings towards national groups. The same process can also explain the intergenerational transmission of stereotypes, through hearing minorities discussed in negative terms in childhood. If one constantly hears, from parents, friends, or on TV, negative traits and expectations being paired with particular category labels (be that male, female, black, Muslim, Polish, or even generic words like 'immigrant' or 'asylum seeker') then this can lead associations to be formed. It is really just the same as how this highly adaptive mechanism helps us learn any other association (e.g. the patterns of movement needed to ride a bicycle). This is a case of overapplication of an adaptive mechanism that contributes to a problematic social issue.



If these learning principles apply, people should be found to automatically think of more positive associations with names of people from their own group, and more negative associations with names of people from minority or stigmatized groups. One of the most frequently used measures of associative attitudes is the implicit association test (IAT). This is a task that identifies the speed with which participants can categorize positive or negative words alongside own-group or other-group names or faces. It typically reveals an own-group favouring bias. Specifically, people find it easier to associate their own group (compared to other groups) with positive words, and other groups (compared to the one's own group) with negative words.

The IAT has identified own-group favouring bias on the basis of gender, race, and religion, and IAT scores have been found to predict racial discrimination in terms of slurs, physical harm, and recommended budget cuts to Jewish, Asian, and black student organizations. Studies even have shown this effect in the most basic forms of human language. Generic designators referring to one's own group (e.g. 'we', 'us', 'our') facilitate subsequent response times to positive words compared to words like 'they', 'them', or 'their'.

## System justification theory

As well as influencing attitudes towards minority groups, the social mind's drive to create a predictive model of how the world works can serve to maintain minority group discrimination once it is established. According to John Jost's system justification theory the social mind's tendency to seek order and stability is manifest in a strong psychological motive to defend and justify the status quo, and this tendency compels people to support ideologies like social dominance orientation. In particular, groups high up in a society's status hierarchy will be compelled to maintain and justify the status quo, and this is manifest through disinclinations to change existing political systems, or the use of 'complementary stereotypes' (e.g. justifying gender inequality by elevating women as homemakers above women as business leaders).

An interesting implication of the theory is that sometimes even disadvantaged groups will be motivated to maintain the status quo—preferring to maintain their own disadvantaged but stable position in a status hierarchy, rather than initiate social change that will introduce uncertainty into the system. The theory helps explain why social change is sometimes slow to take effect, or why collective action is difficult to establish in response to inequality and injustice.

There is growing evidence for system justification theory. For instance, studies have shown that people tend to perceive the status quo as preferable in terms of current political power, public funding priorities, and gender inequality. When system justification motives are in operation there tends to be a greater perception that ethnic groups differ from one another, heightened minority scapegoating, support for greater restriction of civil liberties (ID cards, incarceration without trial), and greater endorsement of a strong immigration policy and anti-terror laws.

## Terror management theory



Another drive that can compel people to support oppression and inequality is outlined by terror management theory (TMT). The idea is that humans, like all animals, have a strong survival instinct. Unlike other animals, however, we also possess the intellectual capacity to realize that one day we will die—a fact that can paralyse us with fear at the prospect of our own mortality. Think of it like a huge threat to the social mind's desire to find meaning and structure to the world. According to TMT the recognition that some day we will die, cease to exist, and return to nothing, creates an existential terror that threatens to undermine our sense of meaningful existence.

TMT argues that adopting a cultural ideology (i.e. a set of values, for example religious beliefs and social norms) provides a sense of structure and meaning to our social universe and enables us to maintain the belief that our lives are meaningful and significant. Being part of a culture with beliefs, values, and laws effectively buffers us from this mortality terror, giving us an ability to 'live on' after our own death (through the perceived continuity of that way of life). While system justification theory can be seen as the manifestation of the social mind's desire for stability and structure in the here and now, TMT can be seen as the manifestation of this drive over time, stretching out even after our own death.

So cultural worldviews are important because they allow us to transcend death, either literally, through a belief in an afterlife, or symbolically, through lasting cultural achievements. If belief in our cultural continuity provides protection against existential terror, then reminding someone of their mortality should increase their need to endorse and support that worldview, and therefore stimulate efforts to protect it from violation. This can lead to support for extreme aggression against other groups and cultures in an effort to protect one's own cultural worldview. TMT therefore has clear relevance for understanding why people sometimes engage in extreme actions to protect their worldview (for instance, acts of terrorism).

## Terrorism

Societies struggling with oppression, inequality, and relative deprivation can often fall prey to terrorism. Social psychology can provide some insights into how individuals can be led through the stages that gradually and eventually lead them to commit atrocious acts of violence. Moghaddam proposed the 'stairway to terrorism', a metaphor that outlines five 'floors' that an individual gradually moves through when they are radicalized.

The ground floor is the perception of relative deprivation, inequality, poverty, and injustice propagated by privileged sections of society. These conditions lay the groundwork for progressing to the first floor, which is when an individual attempts to use legitimate channels to effect social change (i.e. protest, appealing to governments). If the individual becomes frustrated with attempts to change the status quo this will, through catharsis, lead to a displacement of aggression where others are blamed as the source of this frustration. This is the second level. On the third floor the individual gets recruited to a terrorist organization, adopts an alternative moral code, and comes to see mainstream society as immoral. On the fourth floor the individual is encouraged to engage in infrahumanization,

5. The radicalization process can ultimately lead to an act of terrorism.



coming to see all members of the mainstream society as less than human. This enables them to move to the fifth stage, where because civilian targets are perceived as non-human, moral and ethical rules are suspended and a terrorist act is carried out (Figure 5).

This stairway metaphor suggests that the root cause of terrorist acts is social inequality, deprivation, and the psychological processes that are then engaged by the social mind to deal with the social, cognitive, and existential dissonance this causes. The frustration with the lack of ability to change the system leads ultimately to the terrorist act, but in this the cycle is self-perpetuating. Terrorist acts are precisely the sort of system threat that lead people to bolster their support for the status quo. This is because by definition they suggest the cultural, social, and political system in which the individual resides (and by extension the mind's social universe) is unstable, unsecure, and unpredictable. In this way terrorist acts threaten the social mind's need to establish predictability and stability, which in turn makes the status quo even more difficult to change, which in turn sets new individuals on the road to radicalization.

How then to break this cycle? Social psychologists have argued that to address the issues and problems described in this chapter ultimately we require an analysis that takes in to account the relationship between different groups in society. In Chapter 5, we explore these theories of intergroup relations. These theories encompass the perceived relationships between the individual, their own group, and other groups, and in so doing provide a range of psychological approaches for preventing prejudice, and for promoting more positive intergroup relations.

# Chapter 5
# Intergroup relations

The social psychology we've studied so far has helped us understand why we have a world in which prejudice, stereotyping, and social exclusion remain pervasive problems. Cognitive biases like heuristics lead to illusory correlation, so that minority groups (like Muslims or immigrants) are seemingly linked with occurrences of bad things like terrorism and economic recession. We've seen how frustration can turn to aggression that needs to be released, and how minority groups are the 'easy option' for this cathartic process. We've also seen how a few people have prejudiced personalities, and how through social influence processes they can compel others to conform to their worldview, or if they are in leadership positions, even compel others to obey orders that are immoral and wrong.

All of these psychological processes can give rise to inequality, intolerance, and exclusion; however, they tell only half the story. To fully understand the dynamics of social conflict, we need to consider not just the individual's perception of other groups, but their perception of their own group in relation to other groups. In other words, we need to adopt what's called an intergroup perspective. Recognizing that individuals self-categorize as members of a particular group, and adopt an 'intergroup mindset' (that is, thinking in terms of intergroup competition rather than taking a personal perspective) has profound implications for our understanding of intergroup relations. These implications were first identified by Musaf Sherif in a programme of pivotal studies in social psychology.

## The summer camp studies

As well as providing seminal work on social influence (see Chapter 3), Sherif also provided some classic studies that set the scene for the next sixty years of research on intergroup conflict. Rather than looking at intragroup processes, which is what much of the work on social influence is all about, this time Sherif turned his attention to intergroup processes. Intergroup processes focus on how comparisons between one's own group and other groups affect attitudes and behaviour, particularly with respect to prejudice, intolerance, and conflict.

Sherif proposed that animosity between groups has at its core a 'realistic' conflict of interest. In other words, he believed that conflict was rather rational, the result of being a naïve scientist. According to his realistic group conflict theory, prejudice and hostility has at its root competition for scarce resources: the scarcer the resource, the greater the animosity and conflict.

On the face of it this seems to make sense. Conflicts of interest between groups abound (e.g. former Yugoslavia, Northern Ireland, the Middle East), and in all these cases the conflict revolves around (at least in part) competition over land, or resources like oil. It can also explain anti-immigration sentiment, and how this appears to increase during times of economic recession (i.e. lack of jobs can be indicative of a scarcity of resource).

To test this theory Sherif devised a series of quasi-experimental longitudinal studies, carried out at the Robbers Cave State Park in Oklahoma in the 1950s. Sherif was capitalizing on a North American tradition where groups of eleven- to twelve-year-olds (in this case all boys) head off for a few weeks each summer to camps to engage in a range of activities like canoeing, climbing, and other competitive sports. Sherif realized that this long-standing American tradition could provide an ideal setting in which to observe intergroup behaviour from inception to dissolution. In so doing he could avoid a range of confounding influences associated with studying established social groups, such as political, economic, and historic factors, all of which can obscure the psychological process at work. It was the perfect 'Petri dish' in which to test how competition influences intergroup conflict.

The study involved three stages. In Stage 1 the boys had just arrived at the camp and knew nothing of each other. The first thing that happened was that they were placed, on a purely random basis, into two groups for the remainder of the two weeks at the camp (such camps are based on team competition and this division into arbitrary groups suited the interests of the researchers perfectly). On doing this, Sherif immediately observed spontaneous suggestions for competition between the two groups, spontaneous social comparisons and the development of group icons. That is to say, as soon as the group of boys was split in two, and allocated different group labels, they began to suggest that the two groups compete against each other. They began to throw verbal taunts at each other (along the lines of, 'Your group sucks!'). One group called themselves the 'Rattlers' and the other the 'Eagles' (Figure 6). Interestingly, within a short time the boys in the respective groups had made some icons to represent the animal name of their group, and put them above their (separate) dormitory huts. This was a first indication of the development of a 'social' identity.



Having observed this immediate impact of group division, at Stage 2 Sherif introduced what he believed might be a key factor in the emergence of intergroup conflict. Again, he took advantage of a typical element of the summer camp experience: competitive games between the groups. The resources in

6. Group formation led to spontaneous suggestions of competition in Sherif's summer camp study.



question were prized rewards such as medals and penknives. These games, including baseball and tug-of-war, led to a dramatic rise in tension between the groups, culminating in one group even physically attacking the other's icon. One night one group even burned the other's flag and ransacked their cabin! It seemed that the intergroup context had come to dominate the behaviour of the boys, so much so that interpersonal thinking was almost entirely suppressed. By this point 93 per cent of the boys' friendships were found to lie within the boundaries of their group.

At Stage 3 Sherif was interested in seeing whether introducing cooperative goals could reduce conflict. The researchers arranged for the boys' bus to break down on their way back from the morning's activity. They arranged it so that only if the two groups worked together would they be able to push start the bus (and get back in time for lunch). Cooperation between the groups did indeed lead to a reduction in observed conflict between the groups.

Sherif's summer camp studies were hugely influential. They were the first time that anyone had attempted to systematically examine the behavioural consequences of group competition. Importantly, the research showed that personality differences are not necessary for intergroup conflict whereas competition can be a sufficient condition. This work moved research on from an individual focus or interpersonal framework to an intergroup perspective.

So does this mean all conflict can be traced back to competition for resources? In Sherif's studies, spontaneous derogation of the other group occurred at Stage 1, but all that had happened was that the boys had been divided into two groups. This suggests that categorization alone—simply becoming aware of group differences—might be enough to incite intergroup conflict. Some years later the idea that merely being categorized could lead to conflict was addressed experimentally in what would become one of the most influential experiments ever carried out in social psychology.



## The minimal group paradigm

In Bristol, England, in the 1970s Henri Tajfel was a social psychologist interested in understanding the origins of conflict. As a prisoner of war during World War II, Tajfel witnessed first hand the potential of social categories to provide the basis for terrible atrocities. His drive to understand how simple social labels could underlie such atrocities led him to develop what has become one of the most important and influential studies of social categorization in the field of social psychology.

Tajfel developed an experimental technique he called the minimal group paradigm (MGP). The MGP creates an ad hoc (or 'minimal') basis for categorization and includes measures of discrimination between, and evaluation of, the groups involved. In Tajfel's original experiment the participants, who were schoolchildren, were allocated to two groups on an arbitrary basis (rather like they were in Sherif's summer camp studies). Participants were shown a number of slides of paintings by Paul Klee or Wassily Kandinsky—two abstract painters. They were then asked to record how much they liked each of the paintings. On the basis of these preferences participants were ostensibly allocated to one of two minimal groups—the 'Klee' group or the 'Kandinsky' group. This feedback was, however, contrived by the experimenter, and allocation to groups was in fact completely random.

In the next phase of the experiment participants used allocation matrices to assign points to their own group (the 'ingroup') and the other group ('outgroup') members. Participants were free to use any criteria they wished in their allocations. The points were allocated via a series of decision matrices on which participants indicated with a cross through one column how much the ingroup and how much the outgroup member should receive.

There are two other key criteria that are critical for interpreting behaviour in the MGP. First, the personal identities of people in the groups were unknown—identification was by individual code number and group membership alone. All that distinguished one person from another on the decision matrices was a random code number (e.g. person number: '419') and their group membership (e.g. 'Klee' or 'Kandinsky'). This meant that the only possible basis for making any differential allocation was group membership, as personal histories, attitudes, or impressions were simply not available.

Second, participants could not allocate points to themselves. This meant that participants would not gain personally from point allocations, so there was no competition for resource, so no link between ingroup allocations and self gain. In other words, any differential allocation observed would indicate that something other than Sherif's 'rational' economic explanation was going on.

What Tajfel and colleagues observed was a persistent tendency for participants to allocate more points to people in their own group compared to people in the other group. Mere categorization was therefore sufficient to elicit intergroup bias. Take a moment to consider what this means. Tajfel found here a tendency to favour one's own group over another even when the group identities were meaningless. There was no past interaction, no history of conflict, and not a single bit of self-interest.

The unique characteristic of this MGP was that the groups really did represent the most basic form of social categorization. Unlike real social groups defined by nationality, religion, or age, there was no economic imbalance, political motivation, or past interaction associated with these groups. This finding suggested that if you strip away all the economic, political, and historical factors that appear to aggravate intergroup conflict, at its foundation lies a psychological core—a persistent tendency to favour 'us' over 'them'.



While groundbreaking, Tajfel's original study was not quite completely minimal. Critics argued that it was not mere categorization that was the only thing left to explain bias, but the inference of belief similarity. In other words, participants could have inferred that people who were in the same group as them also liked the same abstract paintings and that this could generalize to other personality traits. In short, they may have inferred that the people who shared their preference for abstract paintings might be similar to them in other ways, and therefore be someone they would like.

To address this Billig and Tajfel carried out an 'ultra-minimal' group study. This time they compared the original MGP categorization on the basis of 'liking of paintings' to categorization on the basis of a simple coin toss. If the mere categorization effect really exists, then there should still be bias even in the coin toss condition. This is precisely what happened. Belief similarity did increase bias, suggesting that, like competition, it is an exacerbating factor. However, bias was still present in the coin toss condition, supporting the assertion that mere categorization lies at the core of intergroup bias.

## The mere categorization effect

The mere categorization effect has been replicated many times using many different ways to categorize people and many different measures of evaluation. The finding is important because it suggests that there is a psychological core to prejudice, beyond the economic, political, or historical. If, however, there is a psychological process underlying the use of social categorization as a basis for prejudice and intolerance, what could it be?

A clue was provided from Tajfel's original MGP studies. One interesting aspect to these studies was that participants were given different versions of the 'matrices' used to award points in the study. These matrices were made up of a series of columns which allowed participants to give different amounts to the ingroup and the outgroup member. Importantly, participants had to choose just one box, which meant the number of points they gave to the ingroup and the outgroup were not independent; the relative amounts were fixed depending upon which box was chosen. Tajfel did this because it allowed him to explore not simply the overall number of points awarded to the ingroup and outgroup, but to test which of a range of allocation strategies participants used.

To illustrate, lets say box 1 contained 25 points for the ingroup member and 21 points for the outgroup member. Furthermore, lets say box 2 contained 7 points for the ingroup member and 1 point for the outgroup member. If the participant chose box 1 (25/21) over box 2 (7/1) this would demonstrate a maximal ingroup profit strategy. This is because the participant is choosing the box that awarded the most points to the ingroup.

That's straightforward, but participants could have chosen box 2 (7/1). Choosing box 2 would indicate that participants were not concerned with maximizing profit, but rather maximizing the difference in points allocated to the ingroup and the outgroup. This is because although box 1 would give the ingroup 25 points, it would also give the outgroup 21 points, leaving the ingroup with only 4 points more than the outgroup. In contrast, a choice of box 2 sacrifices maximal profit for the ingroup (i.e. box 1 would have provided 25 points for the ingroup, but box 2 only provides 7). However, crucially, choosing box 2 creates a larger difference between the ingroup and outgroup (7 minus 1 = 6 points).

Sure enough, Tajfel found a pervasive tendency for participants to choose box 2 over box 1, indicating a maximal differentiation strategy. In other words, for people in Tajfel's study it was more important to have more points than the outgroup than to simply have more points. This is one of the findings that revealed the true power of social context in framing people's behaviour. We don't just want resource, we want to be different from others, even if that means sacrificing overall gains.



Maximal differentiation can be explained by the category differentiation model. According to this model, we tend to think of all people who are in the same category as being similar to one another. Correspondingly we also have an automatic tendency to think of all people who are in different categories as being different from one another. This has the advantage of simplifying things so that information about people in the immediate context can be more efficiently processed, enabling judgements to be made more easily and with less effort. This implicit motivation can explain the mere categorization effect. Specifically, people have a desire to create simple and distinct representations of their social environment. However, in the MGP the groups are so similar to one another that the only way they can do this is by allocating more points to one group compared to another group. By doing so, they are able to accentuate the differences between people in the two categories, creating a clear two-category system.

Category differentiation can be seen as the social mind once again attempting to impose order, structure, and meaning on its social environment. This is precisely the point of category differentiation in the MGP: it enables participants to deal with the uncertain situation. Participants sacrifice self-gain just to make their group seem more different from an opposing group. In so doing they satisfy the motivation to make the world as simple and easy to predict as possible.

Category differentiation clarifies and defines social situations, providing a means for predicting how outgroupers will behave, and providing a set of prescriptive ingroup norms to guide perceivers. As such, group members will be motivated to maintain the certainty and clarity that category differentiation provides (or to reduce uncertainty when it is threatened). Consistent with this idea, many studies have shown that threat to category 'systems' leads to negative and sometimes aggressive reactions (see the discussion of system justification theory in Chapter 4). For instance, in some of my own studies I've compared responses of participants who were asked to simply evaluate the British and the French with an experimental group who were asked to read a paragraph advocating the dissolution of member states into a 'United States of Europe'. These studies found that in the latter condition bias was highest, particularly for participants for whom being British was an important part of their identity.

While the category differentiation mechanism accounts for people wanting their groups to be distinctive and differentiated, there is one tendency observed in the MGP that it finds hard to explain. If all that matters to groups is distinctiveness, why not achieve this by giving the other group more points? In the MGP differentiation was found to be ingroup-favouring (i.e. choosing boxes that award 7 to the ingroup and 1 to the outgroup, rather than 1 to the ingroup and 7 to the outgroup). The category differentiation model cannot explain this tendency to differentiate in favour of one's own group.

To account for this finding Tajfel and John Turner proposed social identity theory. This theory proposes that as well as the general desire to achieve clarity, structure, and predictability through category differentiation, we also use groups to boost our self-esteem. Think about sources of pride: your school's or university's achievements, the status of the company you work for, or how good you feel when the football team you support wins a game. We don't only feel good about our individual successes, but vicariously enjoy the success of the groups to which we belong.

Robert Cialdini called this 'basking in reflected glory'. He coined the term after observing the different types of behaviour that football team supporters exhibited after a win versus after a loss. Compared to losing a match, following a win football supporters were more likely to wear the scarves, hats, and other regalia associated with their team—and to do so for much longer. Cialdini also observed a heightened frequency of winning supporters using collective pronouns ('We won! They lost!') instead of person pronouns like 'I' or 'me'.

All this demonstrates basking in reflected glory—purposefully self-categorizing as an ingroup member to garnish the positive feelings that surround one's group. In fact, people expect their groups to furnish them with positive self-esteem from the get go. Think back to the group categorization phase in Sherif's summer camp studies, how group icons were created as soon as the groups were allocated. The desire to create positive feeling even makes people actively try to boost the positivity of their group, relative to other groups; and this is precisely what happens in the MGP. As such, while category differentiation forms the basis for discrimination, it is the desire to acquire a positive social identity that provides the motivation to favour one's own group over the other.

## Reducing prejudice

Recall Stage 3 of Sherif's summer camp studies, discussed earlier in this chapter. Sherif found that cooperation reduced bias between the two groups of boys. It turns out that this demonstration signified one of the most powerful methods for promoting tolerance to be subsequently developed by social psychologists. The common ingroup identity model argues that cooperation between groups leads to 'recategorization'—a cognitive process whereby people move from representing the context as involving two distinct groups ('us' versus 'them') to being represented as a single, inclusive 'common ingroup'.

The argument is that if categorization is so pervasive as a means of organizing our social universe, then there is little point in trying to stop people doing it (in fact there are studies that show when you try to get people to suppress their stereotypes, they simply 'rebound' again later on). After all, as we've seen they are an extremely efficient and easy way of predicting how people will behave. However, just because we can't stop people using categorization this doesn't mean we can't redirect the way in which they use it. The argument is that cooperation works because it gets people to change the focus of their tendency to categorize. So, rather than focusing on 'us' versus 'them', it gets people to categorize at a more inclusive level: 'we'.

There is a great deal of evidence for the notion that cooperative interaction (the establishment of common goals) can increase people's tendency to abandon categorization at the 'us' versus 'them' level and instead adopt a common ingroup identity. In one published variant of Tajfel's MGP participants either sat round tables in a segregated pattern (AAABBB) or an integrated pattern (ABABAB). They were given distinct group names, or provided with a common name for all participants, or they were given individual 'nicknames'. In their two groups, single combined group, or as individuals, they then had to carry out a problem-solving exercise that required either a segregated group decision, or an aggregated group decision, or decisions per individual.

What the researchers found was that, compared to the two-groups condition, intergroup bias was reduced in both the aggregated group condition and the individuals group condition. Interestingly however, bias was reduced in the aggregated group condition in a different way to the individuals condition. In the aggregate group condition bias was reduced by an increase in the attractiveness of former outgroup members. In contrast, in the individuals condition bias reduced by a decrease in the attractiveness of former ingroup members. This is because recategorization works by bringing the former outgroup member into a more inclusive common ingroup. In contrast, individuation works by encouraging people to abandon categorization as a way of structuring the context at hand (so ingroup members no longer seem more similar and so more attractive).



Further studies have replicated the positive and unique effects of forming a common ingroup identity, and shown that it is not only cooperation that makes it happen. Studies have shown that getting people to wear the same-coloured lab coats, use the same-coloured pens, or even simply coming up with things in common, can lead to the formation of a common ingroup identity (and reduce intergroup bias). The findings also resonate with and explain practical approaches to reducing bias. Field experiments have shown that when classroom tasks are designed to promote cooperative interdependence instead of reinforcing divides (e.g. in terms of race or gender), this leads to greater tolerance and less bias. This is because such tasks reduce the salience of existing group differences, and in so doing increase the salience of a common ingroup identity.

## The contact hypothesis

The idea that getting groups to work together can counteract the social mind's tendency to categorize and differentiate, and so establish more positive intergroup relations, was the focus of a seminal idea from Gordon Allport that he named the contact hypothesis. Allport's idea was that contact would only decrease conflict under certain conditions (e.g. when contact takes the form of a cooperative interaction). A great deal of research on those conditions has produced a roadmap for how successful strategies to promote positive intergroup relations could work. There are four key criteria.

First, social norms favouring equality must be in place. In other words, there must be social and institutional support for the aim of reducing prejudice and promoting an integrated, cohesive society. As such, the social conditions (government policy, schools, laws) should all promote integration. There are good psychological reasons why this condition is so important—because it taps into one of the most basic mechanisms in the social mind's drive towards stability and structure.

Remember cognitive dissonance theory from Chapter 3? When attitudes are not in line with behaviour this causes an unpleasant internal state, and people are motivated to avoid this dissonance. They are therefore compelled to change their attitudes to be in line with their behaviour. It follows that social policy and law-making that prevents discrimination should eventually lead to attitude change.

Take wearing seat belts in the back seats of cars. When the UK law was introduced in 1991 many people thought it was an example of the 'nanny state' encroaching in to people's personal lives. However, these days few people would disagree with the need to wear seatbelts. This is a good example of how attitudes change over time in response to new laws. The same process may well occur with regard to racial abuse and discrimination laws: eventually they may gain widespread support through a process of cognitive dissonance reduction. In practical terms, to meet this institutional support condition, workshops designed to promote more positive intergroup relations could be introduced and managed by a figure of local authority (e.g. a teacher in a classroom-based activity).

The second condition required for successful contact is acquaintance potential. Research has found that contact must be of sufficient frequency, duration, and intimacy to allow for the development of meaningful intergroup relations. This could be practically achieved by ensuring that groups are required to work together in cross-categorized ways (e.g. a 'jigsaw classroom'). This would ensure that category boundaries don't come to define friendships (as they did in Sherif's summer camp studies).



Third, contact must occur under conditions of equal social status. If minority groups have contact with majority group members as subordinates then this may well perpetuate negative feeling of inferiority. Each group member should therefore have an equal share of responsibility. This would ensure there is no diffusion of responsibility (or 'social loafing', see Chapter 3).

Finally, contact must be in the form of cooperative interaction. As we saw with Sherif's summer camp studies it was cooperation that was necessary for reductions in conflict to be observed. Cooperation is even more effective when it is characterized by mutual interdependence, with the team product gaining a team reward. Ensuring the outcome is of mutual interest and benefit to all members maximizes the potential for participants from both groups to form a common ingroup identity.

## A contact caveat

Contact is one of the most extensively researched ideas in psychology. There have now been over 500 studies revealing a robust, highly significant, and positive relationship between contact and tolerance. However, there is a caveat to its effectiveness. Yes it works, under the right conditions, and once you get groups together; but what about when there is no opportunity for contact? For instance, in the US white people typically live in neighbourhoods that are made up of a small percentage of black residents. In Northern Ireland very few children attend mixed Catholic–Protestant schools. Then there is the Green Line in Cyprus and the West Bank barrier in Israel. It seems that in many of the places where contact is needed the most there is the least opportunity for it to occur.

A solution to this problem may be found in the application of mental imagery techniques to intergroup relations. Research in all areas of psychology has found mental imagery to elicit emotions that approximate to the real experience, and imagining carrying out a behaviour employs the same neurological pathways as the behaviour itself. Mental imagery techniques are also widely used by applied psychologists in a variety of domains. For instance, there are imagery techniques designed to help athletes reach peak performance, systematic desensitization techniques used by clinical psychologists to tackle phobias, ones that help promote a healthy lifestyle through diet and exercise, and educational techniques employed to enhance academic achievement.

Research on imagined contact provides a way of initiating intergroup contact where direct face-to-face contact is difficult to achieve in practice. The idea is that mentally simulating a positive contact experience approximates the thoughts and feelings associated with contact itself, leading participants to feel more comfortable and less apprehensive about the prospect of future contact with the group, which in turn should reduce negative outgroup attitudes and expectations.

Research has supported this idea: imagined contact has been found to reduce intergroup bias and encourage intentions to engage in future contact. Notably, studies have shown it enhances the availability of positive contact scripts and schemas (see Chapter 2). This suggests that imagery techniques are useful because they tap directly into the social mind's desire to make a mental model of how the world works. Guided imagined contact can mean the model is built not on negative stereotypes and expectations, but on the prospect of positive social relations. Imagined contact is therefore a good example of how understanding the basic mechanisms of the social mind can help us develop strategies—based on theory and research—that can make the world a better place.

## Pro-social behaviour



The research on imagined contact demonstrates the power of promoting positive mental scripts—tapping directly into, and capitalizing on, the social mind's desire to make mental models of social relations. This idea may hold the key to not only encouraging more positive intergroup relations, but also more pro-social and pro-community behaviour too.

In one study female participants were asked to interact with a friendly woman (a confederate) in a study on 'social interaction'. As the women left the laboratory at the end of the study they were asked if they would make a pledge to give blood. When the confederate was asked first, and signed up to give blood, 67 per cent of participants also agreed to give blood. In contrast, when the participant was asked first, only 25 per cent agreed to give blood.

This research can be seen as evidence for the social mind forming a directed, positive behavioural script. Indeed, there are more contemporary examples demonstrating the power of vicariously viewed pro-social acts on pro-social behaviour. For instance, in one study participants were asked to play a pro-social video game in which players must save small animals from falling off a cliff.

After playing the game, participants reported decreased accessibility of antisocial thoughts, and showed a reduced likelihood of rating ambiguous behaviour as aggressive. Related research has found children who played pro-social video games were more likely to help, rather than harm, another participant on a subsequent task.

In sum, research on viewing pro-social acts demonstrates support for the notion that vicarious media experiences can encourage the social mind to make more positive mental scripts. These scripts can then become cognitively available when making subsequent relevant judgements or enacting relevant future behaviours. In so doing they promote a more positive pro-social orientation for the individual in general. This and related work on applied social psychology is developing new training techniques that can be applied in government, schools, and business to help encourage a more positive, harmonious, and tolerant society.

# Chapter 6
# Love and other attractions

This book—and social psychology in general—is in many ways all about relationships. Throughout I've talked about our relationships with others: strangers, society, groups, and collectives. We've talked about how we explain the behaviour of others (Chapter 2), how others change our attitudes (Chapter 3), how people can be intolerant or aggressive towards others (Chapter 4), and how we can encourage more positive relationships between groups (Chapter 5). Of course, in all these cases the people we're talking about could be friends, lovers, or acquaintances, but I haven't really focused on this sort of relationship in depth. In this final chapter, I delve into this most basic, and perhaps most influential, social relationship of all—the interpersonal relationship.

## Ostracism

Why are we drawn to one another? As social animals humans have evolved a biological need to form bonds with others. There is no better demonstration of this than the observation of what happens when affiliation is denied or taken away. Ostracism describes the social process that involves exclusion from a social group. It could be anything from being left out, teased, or bullied at school, to being shunned by work colleagues on a night out, to being 'unfriended' on Facebook.

We all know that ostracism feels bad, but what social psychology experiments have revealed is the incredibly broad extent of its impact. It's not just friends, loved ones, or colleagues who can make us feel bad when they exclude us. Research has shown that even if we don't know the person, or can't even see them, exclusion makes us feel bad.

This has been demonstrated in online discussion studies, or with specially designed computer games. In one study, Williams and Jarvis asked people to play a game called Cyberball (Figure 7). In this game, three cartoon characters on the screen throw a ball to one another (each one of the cartoon characters is apparently operated by a participant in a different room—in fact there is only one real participant and the two other cartoon characters' behaviour is programmed by computer). After a short while in which the computer controlled characters throw the ball to each other, including the real participant, something changes. The computer characters gradually reduce the number of times they pass the ball to the participant and eventually stop throwing it to them altogether. This exclusion had a huge effect on participants—they subsequently reported lowered self-esteem and a reduced sense of having a 'meaningful existence'. It is hard to believe this simple

7. Cyberball's cartoon characters.

and banal game could have such an effect on participants. One could imagine the negative effects if one was excluded by a friend or partner, but a cartoon character apparently controlled by a stranger in another room?

It gets even weirder: even when participants were told that the cartoon characters were controlled by computer, participants felt just as bad. It seems we are simply unable to switch off the part of our brains that controls our response to being excluded. Other demonstrations go further and show that if we dislike or despise the person or group doing the ostracizing, we still feel bad. For instance, one study showed that even being ostracized by the Klu Klux Klan led to all the negative feelings associated with ostracism.



What could explain such universal and extreme responses to being excluded? Well, our need to affiliate is one of the most basic manifestations of the social mind, helping us to create a predictive and meaningful model of the world around us. Supporting the idea that this desire goes right back to the evolution of the human mind, ostracism has a deep visceral reaction that mirrors the experience of real pain. Recent brain imaging studies show that when people are ostracized the same part of their brain 'lights up' as if they were experiencing physical pain. In other words, the social 'pain' of being excluded leads to exactly the same physiological reaction as inflicting physical harm.

This suggests that we are actually hardwired to avoid the social pain of ostracism in the same way as we are hardwired to avoid physically damaging ourselves. This is because from an evolutionary standpoint humans are stronger and more productive when they can pool their skills in groups, tribes, colonies, and collectives. For our ancestors, the prospect of being excluded—and so having to fend and fight for themselves—may have been the most dangerous threat to survival there was. Think of dental pain and how it can be seen as an evolved, adaptive mechanism that makes sure we look after our teeth (once our ancestors lost their teeth, they'd starve). In the same way our bodies and mind tell us we need other people to survive, so we are adapted to feel actual pain when the threat of ostracism occurs. This helps explain why humans are such a social species, and have such a strong capacity for affiliation with others.

## Affiliation

So we have an in-built desire to affiliate—but what determines who we affiliate with? While we are born with some affiliations (ethnicity, nationality, gender) others we choose (friends, lovers). So when we have a choice, what makes us want to affiliate with one person or another?

A key determinant is similarity. Research has shown that birds of a feather do indeed flock together, whether this is in terms of physical characteristics, interests, values, religion, personality, or background. Studies have found that when participants read a set of questionnaire responses, those that indicated attitudes that aligned with the participant's own view were liked more than those that indicated dissimilar attitudes. This can be seen as the social mind creating a stable and predictive model of their social environment. People who are similar to us are more predictable. This is because we know how we behave ourselves, so can infer that someone similar will also behave like us in particular situations. To predict the behaviour of a similar other we have the best template possible—ourselves!

The way that similarity signals predictability may be so ingrained that it's become a heuristic itself. According to the matching hypothesis, people believe that those similar in attractiveness will be happier together (Figure 8). Heider's balance theory of social relations argues that similarity is valuable because it enables a sense of social harmony to be attained. Thus, if two people like the same sort of movies, then there will be lower likelihood of

"Hey, opposites attract."

8. Do opposites attract? Studies show that similarity is actually a more powerful predictor of attraction.

arguments when deciding where to go out. From an evolutionary perspective, this also reflects a critical survival instinct. Someone who shares our attitudes are more likely to fight with us, than against us.

The process is dynamic, as we saw with the studies of cognitive dissonance in Chapter 3. So when attitudes are out of line with behaviour then this can cause an unpleasant dissonance. This dissonance can be removed by changing the attitude to be in line with the behaviour. This can also occur between people in the maintenance of relationships. If two people are having a disagreement, then often they don't just agree to disagree but one can often change their views to come in line with the other—balance and harmony is then restored.

## Anxiety

Following the 9/11 terrorist attacks in New York researchers attached digital voice recorders to the clothes of participants. In the ten days following the attacks, they found that people moved from making telephone conversations to being much more likely to have face-to-face conversations. This seemed to be a coping mechanism, designed to help them deal with the stress of the attacks.

This observational study supports experimental research that has identified shared anxiety as a stimulus for affiliation. For example, in one study people were told they would be receiving painful electric shocks as part of the procedure. After being informed of this (something one would expect to be anxiety-provoking) the participants were given a choice as to whether they'd like to wait alone in a private waiting room, or in a communal waiting room with other participants. Sixty-three per cent chose to wait with other participants rather than alone, suggesting that anxiety makes us seek out social support.

This makes sense when we consider the benefits of social support that we've seen already. Recall Asch's conformity study, or Milgram's obedience study. In both cases social support was the key to participants' ability to stand up to others. Here, social support provides much-needed emotional support in the face of an anxiety-provoking situation. Interestingly, when given the choice as to who to wait with, participants also chose specifically to wait with people who were also going to take part in the study. This suggests that it was the anxiety about the shared experience that was key to social support in this context.

## Misattribution

Experiencing anxiety can not only lead to a desire to affiliate, but can go even further and elicit powerful feelings of sexual attraction. Our experience of emotion is based on two things: physiological arousal and our interpretation of the cause of that arousal. This means that when anxious we can sometimes look to others to try to understand our physiological state. In other words, we carry out an attributional process (bringing us back to the processes described in Chapter 2).

Recall that attribution is the process used by the social mind to work out the causes of people's behaviour—whether they are situational or dispositional. This process can operate when we're trying to work out the causes of others people's behaviour, but also our own. When this attributional process is engaged in contexts where we feel anxiety, some interesting effects can be observed.



In a now classic study, Dutton and Aron asked groups of male participants to carry out a survey while crossing a stable rope bridge or on a scarily high rope bridge. The participants were asked to create a story about anything they wanted and to write it down. The female researcher who was conducting the study found that the males on the scarily high bridge were more likely to use sexual imagery in the story—and more likely to call her afterwards for 'more details' of the study!

This study shows how people can sometimes misattribute one feeling to another cause—based on what is most salient in the context. Here the male participants misattributed their anxiety at being on a high, swaying rope bridge to sexual arousal for the female researcher.

Although this experiment is about misattribution, it also tells us a lot about how we come to feel that we are in love. When we meet that special someone it has a whole range of physiological effects, many of which are akin to feeling anxiety (heart quickening, butterflies in the stomach, etc.). When it is obvious that our potential paramour is the cause of these feelings it makes it easy for us to attribute our feelings to our burgeoning love for them.

## Evolution

A well-establish criterion for physical attractiveness is facial symmetry, which is associated with genetic, physical, and mental health. This provides an evolutionary explanation for why certain people are considered more attractive than others. However, it is difficult to disentangle this explanation from a socially constructed one, i.e. that society has simply prescribed that a particular 'look' is desirable. While it is undoubtedly the case that culture and the media have an influence on what is considered attractive, an intriguing study by Thornhill and Gangestad demonstrates strong support that evolution at least plays a part in the explanation for attractiveness.

The facial symmetry of eighty male participants was measured. They were then given a clean, brand-new cotton shirt and asked to wear it for two nights while sleeping. The shirts were then given back to the researchers who asked female participants to sniff them and rate each one for pleasantness and sexiness. What the researchers found was incredible. Despite having never set eyes on the wearers of the shirts, there was a positive correlation between the female rater's preference and the objectively measured facial symmetry of the shirt's owner. In other words, the women preferred the smell of shirts belonging to men with more symmetrical faces.

Even more interesting, the relationship between shirt-smell preference and facial symmetry only occurred for women who were about to ovulate. From an evolutionary perspective, this suggests that pheromones released by men contain information about their genetic health, and that women at their most fertile become attuned to detect this. Doing so helps increase the chances that any conception will result in the most healthy offspring possible.

Evolutionary processes are also implicated in men's apparent susceptibility to the colour red. Recent research has found that the colour red can lead men to find women more attractive and sexually desirable. Notably, red doesn't seem to make women seem more attractive to women, nor affect other judgement criteria (such as liking or intelligence). This, along with the fact that similar effects have been observed in primates, supports the idea that men's preference for the colour red has an evolutionary origin.

Finally, another evolutionary theory is the principle of looks-for-exchange. One survey, carried out across thirty-seven countries, found a pervasive tendency for men to prefer women who are younger and for women to prefer men who are older. From an evolutionary perspective the argument is that women in ancestral habitats sought mates who could provide a safe, well-resourced environment for their offspring. On the other hand, ancestral men sought women who were likely to be of reproductive age and of high genetic health.



However, there is also a socio-cultural explanation. Historically men have held the power and status and women have been objectified, valued only in terms of their physical beauty. While there is some evidence for this trade-off, there is also evidence that the looks-for-exchange phenomenon is changing as society changes (providing stronger support for the socio-cultural explanation). Some studies have found that women under the age of forty are increasingly seeking attractiveness in potential male partners, and that men are no longer only interested in looks but are increasingly seeking women who are successful and have achieved higher social status.

## Attachment

Once we are in love, what determines how we act in that relationship and how satisfying it will be? According to social penetration theory we start off by gradually revealing more and more intimate details about ourselves to our partner (going from superficial to more in-depth and personal topics of discussion). This slowly builds intimacy. However, if too much is disclosed too quickly, this can feel uncomfortable and the interaction may become stilted, and the relationship even derailed. To avoid this people typically follow the norm of reciprocity (matching each other's level of self-disclosure).

Self-disclosure, from early stages right through the life of the relationship, is one of the things that is determined by our attachment style. Attachment theory was originally proposed by John Bowlby in 1969 as a framework for understanding how young infants form bonds with their primary caregiver (usually the mother). The idea was then extended to suggest that people form different attachment styles depending upon the experiences they have with their primary caregiver, and these styles go on to determine how people react to others in relationships in later life, and how they perceive others.

According to the theory, a secure attachment style is developed in children whose caregiver is responsive and sensitive to their needs. An avoidant style is developed when the caregiver does not respond consistently to the child's needs, leading to the child finding it difficult to trust other people in later life. An anxious/ambivalent style is developed when the caregiver shows a disinterest in interacting with the child, leading to a tendency in later life to want intimacy, but to not believe one is worthy of love.

Although whether the attachment style in childhood is transferred to adulthood is disputed (i.e. it may be that adult attachment style develops later in life), the basic framework of different styles do appear to predict relationship behaviour in adulthood. For instance, people who are low on avoidance and low on anxiety are secure and said to have high self-esteem and trust others. They have an adaptive relationship style and form relations with ease. Regardless of one's own attachment style, securely attached individuals are the most preferred among all others.

People low on avoidance but high on anxiety are said to be preoccupied. While they are positive and trust others, they have low self-esteem and ruminate on their own self-worth. They tend to be self-focused, considering their worth in terms of their physical appearance rather than character traits. They are 'clingy', desiring attention and confirmation that they are loved. They are said to fall in love most easily, perhaps often with the wrong person, and are most likely to be perceived as unhappy.



Dismissing-avoidant style people are high on avoidance and low on anxiety. They are said to have high self-esteem, but find intimacy uncomfortable. They are said to not read emotions in others well, and would rather withdraw from a relationship than work out problems. They are self-reliant and likely to be promiscuous, having a string of shallow relationships. Finally, fearful avoidant people are high on anxiety and high on avoidance. They are thought to have low self-esteem and don't trust others. Research also suggests that these individuals pick up on angry and sad faces more quickly than other people.

## Relationships across the lifespan

What determines whether romantic relationships last, and what happens when they don't? The early stages of love are characterized by what's called passionate love—a preoccupation and longing for the other person, accompanied by intense emotions. It is also accompanied by changes in brain chemistry, notably an increase in dopamine production. Interestingly, brain imaging studies have demonstrated that when shown photographs of one's partner (versus one's friends) people show heightened activity in the caudate nucleus—one of the oldest parts of the brain that is associated with reward and pleasure. This supports the idea discussed at the very start of this chapter, that our need for interpersonal relations is hardwired into the very fabric of the social mind.

As relationships develop, passionate love is gradually replaced by companionate love. Companionate love is characterized by close personal intimacy, and a sense of being 'at one' with the other person. Companionate love can be empirically measured through the concept of self–other overlap.

Research has shown how people in relationships gradually come to see their own identity as overlapping with their romantic partner's. One study tested couples who had been in a romantic relationship for three months or more. Each partner was asked to say how descriptive ninety personality traits were for both themselves and their romantic partner. The same ninety traits were then presented on a computer screen in random order. Each partner was asked to press 'yes' if the trait on the screen was descriptive of their partner, and 'no' if not. What they found was that participants' responses were significantly faster in identifying a trait their partner possessed if they themselves also possessed it. Furthermore, the closer the romantic relationship, the stronger was the effect.

This methodology and idea is similar to the IAT (see Chapter 4). It suggests that people come to 'confuse' their own traits and characteristics with those of their partner. It is like when people in long-term relationships start to talk about, 'we like this...we like that'. Interestingly, while people who are already similar in terms of attitudes, interests, etc. start off more likely to come together, they also appear to become more similar over time. Indeed, one study of married couples over twenty-one years found that over time the couples became increasingly similar.

Finally, couples even tend to look more like each other over time. This is thought to be because of shared diet, emotional experiences, living conditions, and lifestyle. One study found that judges rated pictures of married couples who had been together for twenty-five years as more similar to each other than randomly paired control couples.

## The investment model

As relationships progress through the lifespan, the longevity and success of the relationship can be predicted based on three criteria, outlined by Rusbult's investment model.



The first criterion is high satisfaction. This is the most obvious—people must gain positive value from the relationship. However, satisfaction can be low and commitment can be high, perhaps counter-intuitively, when the other criteria come into play.

The second criterion is investment. As time goes on partners become increasingly invested in one another emotionally, socially (e.g. shared friends), as well as financially. They may, for instance, make sacrifices for their career for the sake of the relationship. This represents a considerable investment that provides inertia working against dissolution. Recall the discussion of cognitive dissonance in Chapter 3. Avoiding cognitive dissonance is one of the things that glues people together in relationships. Having invested all that time and effort in building a relationship and life together, the idea of leaving the relationship causes an unpleasant feeling of dissonance, so people conclude that they must still be in love with their partner. Maybe this is why many people appear to stay in relationships even when satisfaction is low—the avoidance of a worse negative feeling brought about by cognitive dissonance.

The third criterion is a low perceived quality of alternatives. A dissatisfied partner may believe that they would be unable to find an alternative (perhaps because of low self-esteem, low perceived attractiveness, or age). Or they may believe there are no alternatives available (e.g. before the days of Internet dating people might simply have thought there was no way for them to meet someone else). In these cases commitment can remain high even in a relationship characterized by low satisfaction. The partner may believe that the current relationship is as good as they can get, and that living alone, losing friends, etc. may be too high a cost to pay.

## Protecting successful relationships

People in happy, committed relationships also use strategies to protect their relationship from the threat offered by alternative potential partners. These strategies can include derogating attractive alternatives and closing off their partner from the opportunity and appeal of those alternatives. An intriguing study shows how people also unconsciously push away threatening alternatives themselves, thus avoiding even being tempted away from a committed relationship. Research has found that, when asked to converse with an attractive person of the opposite sex, people in committed heterosexual relationships mimicked the attractive interaction partner less (mimicry being a non-verbal indication of attraction). Furthermore, effect was more pronounced the more the participant reported being close to their romantic partner (i.e. really close relationships led to almost no mimicry at all). Both men and women showed the effect, suggesting that mimicry is an unconscious way to signal availability (or unavailability) to potential mates.

# Afterword

So that's a very short introduction to social psychology. We've taken a tour of the social mind and seen the profound impact that our relationships have on attitudes, beliefs, and behaviour. Social psychology is there in every interaction, every attitude, every action we take. It tells us why we like some people and dislike others; why we're confident, afraid, elated, and proud. It speaks to the most important issues we face, from immigration to economics to the environment.

Our understanding of the physical universe is profound, detailed, and complex. In contrast, we are only just beginning to understand the inner workings of the social mind, and the intimate and intricate ways in which the atoms of our social universe interact. Social psychology has made such great leaps in the past one hundred years, but there is still so much we don't know. And it is this that makes it one of the most thrilling, engaging, and exciting endeavours of the 21st century.

# Further reading

## Chapter 1: All about us

Allport, F. H. (1924). Social psychology. Boston: Houghton Mifflin.
Le Bon, G. (1885/2002). The crowd: a study of the popular mind. New York: Dover Publications.
McDougall, W. (1908/2009). An introduction to social psychology. Charleston: BiblioLife.

## Chapter 2: The social mind

Bargh, J. A., Chen, M., and Burrows, L. (1996). Automaticity of social behavior: Direct effects of trait construct and stereotype activation on action. Journal of Personality and Social Psychology, 71, 230–44.
Fiske, S. T. and Taylor, S. E. (1991). Social cognition (2nd edn.). New York: McGraw-Hill.
Heider, F. and Simmel, M. (1944). An experimental study of apparent behavior. American Journal of Psychology, 57, 243–59.
Jones, E. E. and Harris, V. A. (1967). The attribution of attitudes. Journal of Experimental Social Psychology, 3, 1–24.
Kelley, H. H. and Michela, J. L. (1980). Attribution theory and research. Annual Review of Psychology, 31, 457–501.
Storms, M. D. (1973). Videotape and the attribution process: Reversing actors' and observers' points of view. Journal of Personality and Social Psychology, 27, 165–75.
Tversky, A. and Kahneman, D. (1974). Judgement under uncertainty: Heuristics and biases. Science, 185, 1124–31.

## Chapter 3: Attitudes and influence

Asch, S. E. (1956). Opinions and social pressure. Scientific American, 193, 31–5.

Bem, D. J. (1967). Self-perception: An alternative interpretation of cognitive dissonance phenomena. Psychological Review, 74, 183–200.

Festinger, L. and Carlsmith, J. M. (1959). Cognitive consequences of forced compliance. Journal of Abnormal and Social Psychology, 58, 203–10.

Latané, B., Williams, K., and Harkins, S. (1979). Many hands make light work: The causes and consequences of social loafing. Journal of Personality and Social Psychology, 37, 822–32.

Moscovici, S., Lage, E., and Naffrechoux, M. (1969). Influence of a consistent minority on the responses of a majority in a color perception task. Sociometry, 32, 365–79.

Petty, R. E. and Cacioppo, J. T. (1986). The elaboration likelihood model of persuasion. In L. Berkowitz (ed.), Advances in experimental social psychology (Vol. 19, pp. 123–205). New York: Academic Press.

Sherif, M. (1935). A study of some social factors in perception. Archives of Psychology, 27, 187.

Staats, C. K. and Staats, A. W. (1958). Attitudes established by classical conditioning. Journal of Abnormal and Social Psychology, 57, 37–40.

Zajonc, R. B. (1968). Attitudinal effects of mere exposure. Journal of Personality and Social Psychology, 9, 1–27.



## Chapter 4: Obedience, oppression, and aggression

Adorno, T. W., Frenkel-Brunswick, E., Levinson, D. J., and Stanford, R. N. (1950). The authoritarian personality. New York: Harper and Row.

Berkowitz, L. (1969). The frustration-aggression hypothesis revisited. In L. Berkowitz (ed.), Roots of aggression (pp. 1–28). New York: Atherton Press.

Dollard, J., Doob, L. W., Miller, N. E., Mowrer, O. H., and Sears, R. R. (1939). Frustration and aggression. New Haven, CT: Yale University Press.

Greenberg, J., Pyszczynski, T., and Solomon, S. (1986). The causes and consequences of self-esteem: A terror management theory. In R. Baumeister (ed.), Public self and private self (pp. 189–212). New York: Springer.

Greenwald, A. G., McGhee, D. E., and Schwartz, J. L. K. (1998). Measuring individual differences in implicit cognition: The implicit association test. Journal of Personality and Social Psychology, 74, 1464–80.
Hamilton, D. L. and Gifford, R. K. (1976). Illusory correlation in interpersonal personal perception: A cognitive basis of stereotypic judgements. Journal of Experimental Social Psychology, 12, 392–407.
Hovland, C. I. and Sears, R. R. (1940). Minor studies in aggression: VI. Correlation of lynchings with economic indices. Journal of Psychology, 9, 301–10.
Milgram, S. (1963). Behavioral study of obedience. Journal of Abnormal and Social Psychology, 67, 371–8.
Moghaddam, F. M. (2005). The staircase to terrorism: A psychological exploration. American Psychologist, 60, 161–9.

## Chapter 5: Intergroup relations

Allport, G. W. (1954). The nature of prejudice. Reading, MA: Addison-Wesley.
Cialdini, R. B., Borden, R. J., Thorne, A., Walker, M. R., Freeman, S., and Sloan, L. R. (1976). Basking in reflected glory: Three football field studies. Journal of Personality and Social Psychology, 34, 366–75.
Crisp, R. J. and Turner, R. N. (2009). Can imagined interactions produce positive perceptions? Reducing prejudice through simulated social contact. American Psychologist, 64, 231–40.
Gaertner, S. L., Mann, J. A., Murrell, A. J., and Dovidio, J. F. (1989). Reducing intergroup bias: The benefits of recategorization. Journal of Personality and Social Psychology, 57, 239–49.
Sherif, M., White, B. J., and Harvey, O. J. (1955). Status in experimentally produced groups. American Journal of Sociology, 60, 370–9.
Tajfel, H., Billig, M., Bundy, R., and Flament, C. (1971). Social categorization and intergroup behaviour. European Journal of Social Psychology, 1, 149–78.

## Chapter 6: Love and other attractions

Bowlby, J. (1969). Attachment and loss (Vol. 1): Attachment. London: Hogarth Press.

Dutton, D. G. and Aron, A. P. (1974). Some evidence for heightened sexual attraction under conditions of high anxiety. Journal of Personality and Social Psychology, 28, 510–17.
Rusbult, C. E. (1983). A longitudinal test of the investment model: The development (and deterioration) of satisfaction and commitment in heterosexual involvements. Journal of Personality and Social Psychology, 45, 101–17.
Thornhill, R. and Gangestad, S. W. (1999). The scent of symmetry: A human pheromone that signals fitness? Evolution and Human Behavior, 20, 175–201.
Williams, K. D. and Jarvis, B. (2006). Cyberball: A program for use in research on interpersonal ostracism and acceptance. Behavior Research Methods, Instruments, and Computers, 38, 174–80.

## “牛津通识读本”已出书目

古典哲学的趣味
人生的意义
文学理论入门
大众经济学
历史之源
设计，无处不在
生活中的心理学
政治的历史与边界
哲学的思与惑
资本主义
美国总统制
海德格尔
我们时代的伦理学
卡夫卡是谁
考古学的过去与未来
天文学简史
社会学的意识
康德
尼采
亚里士多德的世界
西方艺术新论
全球化面面观
简明逻辑学
法哲学：价值与事实
政治哲学与幸福根基
选择理论
后殖民主义与世界格局
福柯
缤纷的语言学
达达和超现实主义
佛学概论
维特根斯坦与哲学
科学哲学
印度哲学祛魅
克尔凯郭尔
科学革命
广告
数学
叔本华
笛卡尔
基督教神学
犹太人与犹太教
现代日本
罗兰·巴特
马基雅维里
全球经济史
进化
性存在
量子理论
牛顿新传
国际移民
哈贝马斯
医学伦理
黑格尔
地球
记忆
法律
中国文学
托克维尔
休谟
分子
法国大革命
民族主义
科幻作品
罗素
美国政党与选举
美国最高法院
纪录片
大萧条与罗斯福新政
领导力
无神论
罗马共和国
美国国会
民主
英格兰文学
现代主义
网络
自闭症
德里达
浪漫主义
批判理论

德国文学
戏剧
腐败
医事法
癌症
植物
法语文学
微观经济学
湖泊
拜占庭
司法心理学
发展
农业
特洛伊战争
巴比伦尼亚
儿童心理学
时装
现代拉丁美洲文学
卢梭
隐私
电影音乐
抑郁症
传染病
希腊化时代
知识
环境伦理学
美国革命
元素周期表
人口学
社会心理学
电影
俄罗斯文学
古典文学
大数据
洛克
幸福
免疫系统
银行学
景观设计学
神圣罗马帝国
大流行病
亚历山大大帝
气候
第二次世界大战